Sammlung Vandenhoeck

V&R

Helga Volkmann

Unterwegs nach Eden

Von Gärtnern und Gärten in der Literatur

Vandenhoeck & Ruprecht

Helga Volkmann lebt in der Nähe von Erlangen. Nach einem Studium der Germanistik, Anglistik und Romanistik sowie langjähriger Lehrtätigkeit in der Erwachsenenbildung ist sie jetzt als freie Autorin und Herausgeberin tätig. Helga Volkmann ist Präsidiumsmitglied der Europäischen Märchengesellschaft.

Die Deutsche Bibliothek – CIP-Einheitsaufnahme

Volkmann, Helga:
Unterwegs nach Eden : von Gärtnern und Gärten in der Literatur /
Helga Volkmann. –
Göttingen: Vandenhoeck und Ruprecht, 2000
(Sammlung Vandenhoeck)
ISBN 3-525-01226-8

Umschlagbild: Les échecs de l'amour: Der Autor im Wunschgarten (um 1500)
Umschlaggestaltung: Markus Eidt, Göttingen

Satz: Competext, Heidenrod. Druck und Bindung: Hubert & Co., Göttingen

Inhalt

Eingang 7

Die Gärtner und das Gärtnern 11

Gärten als verlorene und ersehnte Paradiese 40

Die Gärten der Kindheit 86

Die Gärten der Erotik 106

Der Gartenfrevel 135

Ausblick 156

Quellenverzeichnis 158

Abbildungsverzeichnis 162

Pflanzenregister 163

Eingang

Im Paradies wären die Dichter überflüssig, keiner würde ihnen zuhören. Auch die Maler stellten ihre Staffeleien besser ins Abseits, freiwillig und gerne, wie Lahme ihre Krücken, wenn sie wieder gehen können. Die Abbilder werden ausradiert und fortgewischt angesichts und inmitten der realen Glückseligkeit.

Doch wir sind nicht mehr im Paradies, und daß wir je wieder dorthin kommen werden, ist allenfalls eine vage Hoffnung. Da sind die ahnungsvoll-tröstlichen Worte der Dichter, die Tableaus der Maler mit ihrem matten Jenseitsschimmer unverzichtbar. Sie helfen den göttlichen Verheißungen nach, mit ihrem Zeichensystem, mit ihrer Bildersprache des schönen Scheins holen sie das eigentlich Unsagbare in unsere Welt hinein, umgeben es mit Hecken, bepflanzen es mit immerfruchtenden Bäumen und nimmerwelkenden Blumen. Das Paradies, Inbild von Fülle und Gottnähe und eigentlich im Jenseits der reinen Ideen zu Hause, wurde von jeher und in vielen Kulturen als Garten gesehen. Der Garten Eden, das Dilmun der Sumerer, das Elysium und Arkadien der Griechen, das Avalon der Kelten, die Jenseitsgärten der Ägypter und des Koran – das sind Wunschgefilde, wo das Göttliche dem Menschen nahe ist, wo Nahrung für Leib und Seele niemals ausgeht. Das Wort »Paradies« ist über das Altgriechische aus dem Altpersischen entlehnt und bedeutet den weitläufigen umzäunten Wildpark, Lust- und Jagdort des Herrschers. Gärten sind Orte gegen die Angst – Angst vor wilden Tieren, feindlichen Menschen und Dämonen, vor dem als bedrohlich empfundenen Wildwuchs der Natur. Der Archetypus Garten steht für das schutz- und nahrunggewährende Refugium, für Eigentum und Seßhaftigkeit, verspricht eine Oase der Geborgenheit zu sein.

Auch die Arbeit darin hat einen eigenen Adel. Die Natur – und dahinter der Schöpfer aller Dinge – leiht den Menschen den Rohstoff, und er selbst formt die Elemente zu einer neuen Ordnung, zu einem ihm gefälligen und nützlichen Gegenentwurf. Noch die kleinen Gartendinge, das Pflanzen eines Baumes etwa, das Bestellen eines Gemüsebeetes, das Säen und Ernten bedeuten Umgang mit den Urformen des Lebendigen und haben damit etwas von einer kreativen, ja geheiligten Tätigkeit.

Die Künstler des Pinsels haben es leichter als die des Wortes, die umfriedeten Paradiese um Haus und Schloß zu schildern und zu verklären. Gärten sprechen zwar alle Sinne an, doch es sind vor allem die Augen, die uns das Bild offenbaren: die Schönheit des Garten-Ensembles und die jeder einzelnen Pflanze – und dahinter, zur Wahrnehmung durch subtilere Organe als Iris und Netzhaut und jenseits aller Assoziationen, die wir mit dem irdischen Phänomen Garten verbinden, die Vielfalt und Vielschichtigkeit ihrer sinnbildlichen Bezüge. Die Rabatten in Claude Monets Garten, Mohn und Zinnien, Dahlien und nuancenreiches Grün und dahinter ein fast überwachsener Staketenzaun: konkreter Ort von einigen tausend Quadratmetern in Giverny bei Paris – und doch auch Schnittpunkt im Strahlenkreuz des Wirklichen und Wunderbaren. Der Rittersporn in Emil Noldes Gartenbildern, botanisch faßbares Prachtexemplar der Gattung *Delphinium* auf Blumenbeeten in Seebüll – und doch auch Chiffre des Vollkommenen, Sendbote aus dem Garten aller Gärten. Gärten sind in hohem Maße symbolträchtig, nach ehrwürdigen Mustern gestaltet; sie werden mit der hoffnungsvollen Ahnung betreten: Hier gehören wir eigentlich hin, zumindest mit unserem besseren Selbst.

Die Literatur hat es dagegen schwer, den Inbegriff von Fülle und Lebenssaft durch Sprache anschaulich zu machen: einen fruchtbaren und erquickenden Garten, in dem Schönheit und Nutzen, Erdenwirklichkeit und Himmelsglanz sich treffen und vereinen. Und doch ist von allem Anfang an, da Menschen ihre flüchtigen Worte auf steinernen Tafeln verewigten, auch von Gärten die Rede. Propheten und Sänger, Dichter und Philosophen kündeten und berichteten von dem, was uns hinter Hekken, Mauern und Gartentoren erwartet: dem unbehausten Draußen abgewonnene, gebändigte und gestaltete Natur.

Garten und Gartenarbeit sind verbreitete Topoi der Literatur und wurden zu allen Zeiten, je nach Absicht des Autors, in beschreibende, erklärende, poetische Worte gefaßt. In der Fülle der Gartendarstellungen wird über die Jahrtausende hin zumeist der Charakter des *locus amoenus* bewahrt. Der Garten erinnert an die Gefilde der Seligen und weist über seine irdischen Beete, Bäume, Pflanzen und Wasserläufe, ja über die Gesamtheit seiner Anlage hinaus in die Sphäre archetypischer Bilder und Symbole. In die Entrückung vor dem Sündenfall, in die

Suggestion von Zeitlosigkeit bringt jedoch jeder Autor sein individuelles gegenwartsbezogenes Gartenbild, seinen ›inneren Garten‹ ein. Es mischen sich in seine von der literarischen Tradition gezeichneten Paradies-Panoramen Erinnerungen, Assoziationen an konkrete Gärten – eigene, fremde, in denen er einmal gelebt, geliebt, gelustwandelt, gegärtnert hat. Wie ist es ihm eh und je in Gärten ergangen? Von einiger Wichtigkeit waren sie ihm, sonst hätte er sie nicht ›besungen‹. Gärten mögen in wehmütiger Nostalgie an das Goldene Zeitalter der Kindheit erinnern. Sie mögen Eruptionen verbotener Gefühle ins Gedächtnis zurückrufen, für die in sittenstrengeren Zeiten verschwiegene Gartenecken, Gartenlauben mit ihren verbergenden Gehängen von Clematis, Kletterrosen – oder was immer das Klima und die jeweilige Gartenmode botanisch als Sichtschutz offerierte – oft der einzig sich anbietende Tatort war.

Abgesehen von den mikrokosmischen Vorgängen – Wachsen und Vergehen der Flora, Fressen und Gefressenwerden der Fauna – begibt sich in Gärten also auch auf der Ebene des Menschen manches, was dem Bild des Still-Lebens, der Idyllik, widerspricht. Verbotene Früchte, Blumen von fremden Beeten können Begehrlichkeiten wecken und Gartenfrevel, damit Unheil, heraufbeschwören. Das Gärtnern wird in der Literatur zumeist als ganzheitliches, den Menschen veredelndes, geradezu therapeutisches Wirken gesehen. Doch auch das Gegenteil ist möglich: Gärtner, Gartenverwalter können seltsame Leute sein und dem positiven Image der Zunft kraß zuwiderhandeln. Der zwielichtige römische Gartengott Priapos mag zwischen den Beeten sein Unwesen treiben und die heilige Erdgöttin verdrängt haben. In gartenhaftem Ambiente, auf abgelegenen paradiesischen Inseln können verführerische Zauberfrauen Männer in ihre Netze locken. Im Aufzeigen, Schildern, Erzählen all solcher im Garten spielenden oder dort beginnenden, real möglichen oder phantastisch-märchenhaften, mehr oder weniger dramatischen Geschichten kommt die Literatur zum Zuge und ist der Kunst des Pinsels eindeutig überlegen.

In den folgenden Kapiteln wird versucht, eine Systematik in diese zwischen Buchdeckeln bezeugten Geschehnisse zu bringen. Wie gehen die Gärtner mit ihren Mitgeschöpfen, den Pflanzen, um, und sind sie – von ihrer engen Beziehung zur ›Mutter Erde‹ her – a priori die besseren Menschen? Wo sind in der Literatur die Gärten Schauplatz für geselliges, gar inniges Miteinander oder auch für zerstörerisches Tun an Mensch und

Natur? Neben bekannten und unverzichtbaren Zitaten aus der Weltliteratur wurde insbesondere abgelegenen und schwer zugänglichen fiktiven Gärten ein Besuch abgestattet. Dabei sind manche dieser Orte des Draußen nicht eindeutig einem bestimmten Kapitel zuzuweisen. Leicht verwischen sich die Konturen: In einem Garten mit allen Attributen des idealtypischen, unschuldigen, statischen Paradieses z.B. wird *auch* gegärtnert, der Liebeslust gefrönt oder gar gefrevelt. Es war also zu gewichten, welches Motiv vorherrscht. Längsschnitte durch die Zeiten in jedem Kapitel eröffnen sowohl garten- als auch literaturgeschichtlich erhellende Perspektiven, so wie sich in einem Barockgarten von der Hauptachse aus die Nebenalleen mit unerwarteten Themengärten, mit neuen Skulpturenreigen auftun. Lokaltermine aber in den Gärten selbst – ausführliche Zitate also – haben Vorrang. Und wie passionierte Gartenbesitzer neben dem Gärtnern nichts lieber tun, als ihren Besuchern in einem Rundgang ihr Reich zu präsentieren, so kann sich der Leser von den Dichtern zu fiktiven Gartenbegehungen an die Hand nehmen lassen. Jenseits von Zeit und Raum möchten sie ihn für die Kunst-Natur rings um Haus oder Schloß sensibilisieren: für die Düfte und Farben der Blumen, das Plätschern der Brunnen, den Gesang der Vögel, kurzum für alles, was den Garten zum Gleichnis für diesseitige Erlebnisfülle und jenseitige Verheißung macht.

Die Gärtner und das Gärtnern

Gott der Allmächtige pflanzte als erster einen Garten.
Und in der Tat ist dieses
das reinste aller menschlichen Vergnügen.
Francis Bacon

Die Gartengestaltung ist eine der flüchtigsten aller Künste. Sie hat es mit einem besonders eigenwilligen Werkstoff zu tun: der Natur und speziell den Pflanzen mit ihren individuellen Lebenszyklen. Die kümmern sich nicht um Gartenpläne und fügen sich nicht von selbst und dauerhaft in artig gestaltete Beete und Ensembles. Der Gottheit lebendiges Kleid – davon sind sie ein Teil. Sie kommen, wachsen, blühen und vergehen nach eigenen Gesetzen, den künstlichen, menschgewünschten Ordnungen passen sie sich nur widerwillig und temporär an. Sie kümmern oder wuchern nach ihrem Belieben, fliehen, verdrängen sich gegenseitig, sprengen schließlich den Gartenplan, dem sie sich und ihr Beieinander verdanken – solange sie nicht mit Gärtnerfleiß und Gärtnerschweiß diszipliniert werden. Solange sich der Gärtner und seine Idee von Ordnung, Nutzen, Schönheit – wie er sie versteht – nicht gegen ihre Verwilderungstendenzen durchsetzt. Gärten fallen, im Gegensatz zu anderen Kunst- und sonstigen menschlichen Machwerken, durch bloßes Nichtstun in wenigen Jahren wieder in ihren natürlichen, kunst-losen Urzustand zurück. Ein paar Jahre ohne Gärtnerfleiß, und der schönste Gartenplan ist wieder in Natur übergegangen, Einheimisches, Robustes hat sich durchgesetzt. Allenfalls einige verwilderte Gartenstauden und ausgewachsene Bäume fremder Zonen zeugen davon, daß dort einmal ein Garten war. Zahlreiche, ehemals prominente Kunstparadiese sind so wieder in pure Natur oder allenfalls in pflegeleichte Grünanlagen übergegangen.

Gärtnern, das heißt also ein statisches Prinzip gegen die natürliche Dynamik des ständigen Wandels durchzusetzen, heißt, ein Stück Natur in einer Momentaufnahme festbannen zu wollen. Zwar durchmißt der Gärtner, aus seiner beschränkten Perspektive, den Wechsel der Jahreszeiten, er schafft selbst Wandel im Kleinen auf seinen Beeten. Aber er strebt doch nach Erhalten und Bewahren. Da sind stetige Mühe und nie erlahmender Eifer gefragt.

Der Gärtner ist der fleißige Einzelkämpfer gegen das Chaos. Seine Arbeit ist von hohem Rang; den ungebändigten Wildwuchs der Natur zu blühender Schönheit und fruchtbringendem Nutzen zu veredeln, das steht gleichnishaft für kulturstiftende Tätigkeit schlechthin. An diesem positiven Image ihres Berufsstandes haben alle fiktiven Gärtner teil, die eh und je literarisch ›verewigt‹ wurden. Der Garten als Mikrokosmos, der Gärtner als Schöpfer und vor allem als Erhalter jener kunst-vollen Paradiese – auf ihn fällt ein Abglanz aus der langen Reihe der ehrwürdigen wirklichen oder metaphorischen Gärtner, angefangen vom Schöpfergott selbst, der in populären Vorstellungen als umsichtiger Meister des Gartens gedacht wird, als einer, der seine Schöpfung nicht abstrakt erschuf, sondern ›pflanzte‹, der sie hegt und pflegt, seine Kulturen wässert, den Wildwuchs kappt, hoffnungsvolle Triebe hochbindet.

Gärtnern also adelt, Gartengenuß ist eine ganzheitliche Erfahrung, nicht nur Stimulans für die Sinne und Speise für die Seele, sondern er schließt die schöne Befriedigung des Planens und Gestaltens und des Umsetzens von Ideen mittels eigener körperlicher Arbeit ein. Von Königen, Kirchenfürsten, prominenten Philosophen und Dichtern wird berichtet, daß ihnen das Gärtnern eine der wichtigsten Nebensachen der Welt war, und selbst wenn sie fürs Grobe gewiß ihre Leute hatten, so ist doch eigenes lustvolles Zupacken auch der hohen Herrschaften vielfach bezeugt.

Das Paradies der Bibel ist, im Gegensatz zu den Vorstellungen des Islam, kein Ort des Müßiggangs. »Und Gott nahm den Menschen und setzte ihn in den Garten Eden, ihn zu bebauen und zu bewahren«, heißt es in der Genesis direkt vor dem so folgenschweren Pflückverbot. Die Arbeit als ein Wesensbestandteil des Lebens, die sinnschaffende Verknüpfung von Mühe und Fleiß mit Ernte und Fruchtlese – das ist dem Menschen von Anfang an auf den Leib geschrieben. Gott selbst gibt ihm als Gärtner das Beispiel. Widrigkeiten und Unbill, all der ewige Kampf gegen »Dornen und Disteln«, alle Plagen also, die guten Ernten und ungetrübter Gartenlust entgegenstehen, sind dann erst die Konsequenz der Tabuverletzung. Von da an, außerhalb der seligen Gefilde, ist die Arbeit rund um die Scholle zur Plakkerei geworden – wohl dem, der fürs Allergröbste seine Hilfskräfte hat.

Und doch ziehen auch die Herren dieser Hilfskräfte – freiwillig und vermutlich regelmäßig, auch wenn die Literatur darüber keine Auskunft gibt – ihre schichtenspezifische Kleidung aus, schlüpfen in ein Arbeitshabit, das Standesunterschiede verwischt, und greifen, statt zu Jagd- und Kampfgerät, den angemessenen Werkzeugen ihres Standes, zu Schaufel und Hakke. In einer frühen Zeit, da jeder seine gesellschaftlich sanktionierte Rolle genau kannte und wußte, was sich ziemt, bewegte sich ein Herr und Fürst, wenn er im Garten Hand anlegte und sich schmutzig machte, offenbar durchaus innerhalb der Gren-

zen des Schicklichen. Niemals dagegen hätte er ohne Image-
verlust in der Küche in Töpfen rühren dürfen – das Kochen ist
erst heutzutage eine gesellschaftsfähige Beschäftigung für Männer geworden.

Am Ende der *Odyssee* inszeniert *Homer* das Wiedersehen des
Odysseus mit seinem Vater Laertes, immerhin einem Fürsten,
während dieser im Garten seines Landgutes die Baumscheiben
hackt. Odysseus beklagt zwar die schlechte Kleidung und das
Defizit an Hygiene bei seinem Vater, verliert aber kein Wort der
Verwunderung oder des Befremdens über die niedere Arbeit,
bei der er ihn trifft.

Einzig fand er den Vater. Im trefflich bestellten Gelände
Hackte er eben Gewächse. Er trug einen schmutzigen Leibrock
Übel geflickt, und geflickte Schützer aus Rindshaut waren
Fest um die Waden gewickelt, sie mußten vor Rissen ihn schützen.
Fäustlinge wehrten dem Dorn; eine ziegenlederne Haube
Schützte oben den Kopf. So verriet er wachsende Trauer.
Als ihn der große Dulder, der hehre Odysseus erblickte,
Völlig zerrieben vom Alter, voll tiefer Trauer im Sinne,
Mußte er weinen und trat in den Schutz eines stattlichen Birnbaums.

Er spricht ihn an:

Alter Mann! Du scheinst recht geschickt in der Pflege des Gartens;
Trefflich ist er besorgt, es fehlt ihm wirklich schon gar nichts:
Feigen, Gewächse, Oliven, der Wein, das Gemüse, die Birnen:
Wahrlich im ganzen Garten ist nichts ohne tüchtige Pflege.
Andres doch will ich dir sagen, nur hege nicht Groll im Gemüte:
Selber hast du doch gar keine Pflege, daß gut es dir täte!
Alles trifft da zusammen: grausiges Alter und übler
Schmutz und die schändliche Kleidung;

Nach einiger Rede und Gegenrede gibt er sich dem Vater zu
erkennen, und als dieser mißtrauisch Beweise will:

Aber nun komm! Ich sage die Bäume dir, die du mir schenktest
Hier im trefflich bebauten Gelände. Ich folgte als Kind schon
Gern dir den Garten entlang und pflegte bei jedem zu bitten.
Alles gingen wir durch; du sprachst und benanntest ein jedes.
Bäumchen gabst du mir, dreizehn mit Birnen und zehn mit Äpfeln,
Vierzig mit Feigen, mit Reben bestandene Reihen gar fünfzig.
Diese wolltest du schenken; man hatte dort immer zu ernten:
Trauben von allerlei Art ja hängen daran und sie reifen
Je nach den Zeiten des Jahres, wenn Zeus sie von oben her kräftigt.

Mit diesem Gärtnergespräch hat er ihn endgültig überzeugt.

Rund 800 Jahre später in Rom: Auch *Vergil* gehörte zur Ober-
schicht, und doch spricht die eigene Erfahrung mit der Praxis
des Landbaus aus jeder Seite seines Lehrepos *Georgica* (37–29
v.Chr.). Da geht es um alle Aspekte der Agrikultur vom Nutz-
pflanzenanbau über die Baumpflege, artgerechte Tierhaltung
und Pferdezucht, Imkerei bis hin zur Wetterbeobachtung und
dem Einfluß von Gestirnkonstellationen auf Wachstum und
Ernten. Vor allem die Bienen haben es Vergil angetan; im Bienen-
staat sieht er ein Symbol für jede höhere soziale Ordnung. Im
recht verstandenen und recht praktizierten Landbau ist für
Vergil ein Stück des Goldenen Zeitalters auf Erden verwirklicht
– diese Verknüpfung mit dem Mythos sowie die Anrufung von
chtonischen und astralen Mächten geben dem Werk eine Tiefen-
dimension, die es über lehrhafte Agrarmethodik hinaus in die
Sphäre des Kosmisch-Religiösen ausweitet.

Was speziell den Gartenbau betrifft, so ist zusammenhän-
gend von einem Garten die Rede und von einem Gärtner, der
sich der Imkerei verschrieben hat – Anlaß für den Diskurs über
die Bienenvölker und mythische Bienengeschichten:

Gärten voll duftendem Safran sollen zur Arbeit sie locken,
schützen wird sie der gegen Diebe und Vögel bestellte
Wächter Priapus vom Hellespont mit der weidenen Sichel.
Thymian soll, auch Krummholzfichten vom hohen Gebirge,
dann der besorgte Imker pflanzen im Umkreis der Stöcke,
selber die Handgriffe tun in mühsamer Arbeit, die frischen
Pflanzen in Gruben setzen, sie tränken mit nährendem Wasser.
...
würde ich wohl von der Pflege noch singen, die fruchtbare Gärten
herrlich verschönt – von den zweimal blühenden Rosen in Paestum,
von der Bewässerung, deren sich dankbar Endivien erfreun, von
grünendem Selleriekraut am Bach under der schwellenden Gurke,
die durch den Rasen sich windet. Auch hätte ich schwerlich
	geschwiegen
von der Narzisse, die spät erblüht, vom Akanthusgewinde,
gelblichem Efeu, der Myrte, die sichtlich an Ufern sich wohlfühlt.
Denn ich erinnere mich, bei Tarent, der ummauerten Festung,
wo der dunkle Galaesus die fruchtbaren Fluren bewässert,
einen betagten Mann aus Corycus getroffen zu haben.
Wenige Morgen Ödland gehörten ihm, weder zum Ackern
noch zur Viehhaltung günstig, auch nicht zum Weinbau geeignet.
Auf dem gestrüppreichen Boden pflanzte er spärlich Gemüse,

leuchtende Lilien, starkzehrenden Mohn und heilige Kräuter,
dünkte sich reich wie ein König; und kehrte er heimwärts am späten
Abend, belud er den Tisch mit Speisen aus eigener Ernte.
Er als der erste pflückte Rosen im Frühling und Baumobst
während des Herbstes, und wenn noch der Winter mit bitterem Froste
Felsgestein sprengte, mit Eisschichten Flüssen die Strömung
    verwehrte,
schnitt er bereits die zarten Blüten von Hyazinthen,
spätem Sommer genau zum Hohn wie dem säumigen Zephyr.

Ein Mann mit ›grünem Daumen‹ dessen Loblied wir über die
Jahrtausende vernehmen. Gern würde er, Vergil, den Gartenbau ausführlicher verherrlichen, sagt er, doch aus Raumgründen
lasse er das Thema für künftige Dichter. An denen hat es, auch
in bewußtem Bezug auf den berühmten Römer und in dessen
selbstbewußter Nachfolge, nicht gefehlt.

Auch in dem dritten der *Kleinen Gedichte* des Vergil wird ein
bescheidenes Gärtnerpaar, Vater und Sohn, besungen. Priapos
selbst als Wächter des kleinen Anwesens – in der Fetischform
eines Eichenholzklobens – lobt den Fleiß bei der Arbeit (»indem er beharrlich und gründlich den Boden beackert, frei mir
zu halten die Weihstatt von Unkraut und stachligen Ranken«)
und weiß die Freigiebigkeit ihrer Ernteopfer zu würdigen.

Während des blühenden Frühjahrs schenkt man mir leuchtende
    Kränze,
dann die zuerst sanft grünende Spitze auf zärtlicher Ähre,
weiter Levkojen, gelbschimmernd, und Mohnblumen, milchhell im
    Glanze,
gelbliche Kürbisse später und köstlich duftende Äpfel,
Weintrauben schließlich, tiefrot, gereift im Schatten des Laubes.

Der echte Gärtner fürs Grobe, der an der Basis, also gegen Ent-
lohnung, die Schubkarre bewegt und den Spaten ins Erdreich
stößt, er ist über die Zeiten eher sprachlos geblieben – von den
namenlosen Gärtnerinnen ganz zu schweigen. Dabei waren sie
sicher die ersten, die es um die Behausungen der Sippe herum
wachsen, blühen und reifen ließen, um eine verläßlichere Nah-
rungsquelle zu erschließen, als es die ungewisse Jagdbeute der
Männer war. Die kleinen Leute und ihre Betätigungen wurden
erst in späteren Jahrhunderten literaturfähig. Und auch dann
waren es nicht die Gärtner selbst bzw. die Gartenliebhaber und
-liebhaberinnen mit dem Grundstück ums Haus oder in der
Laubenkolonie, die ihre Arbeitserfahrungen und Lustgefühle

in schöne und übermittelnswerte Worte faßten. Stets waren es ›Herren-Gärtner‹ – Dichter und Philosophen –, die sich zum Sprachrohr der ganzen Zunft machten. Sie redeten sachkundig und schienen mehr von Gartendingen zu verstehen, als man Leuten der Feder zutrauen würde, die sich selbst den Rücken nicht krumm und die Hände nicht schmutzig machen. So liegt die Vermutung nahe, daß auch für sie das Gärtnern eine ganzheitliche Erfahrung war und sie sich durchaus freiwillig der Arbeit stellten. »Was früher als Knechtes Arbeit angesehen, ist jetzt Herrenwerk und Erholung«, schreibt André Rapin, ein französischer Schriftsteller, im 17. Jahrhundert.

Doch wenden wir uns zunächst dem Mittelalter zu. In diesen Jahrhunderten waren besonders die Klöster Orte der Gartenkultur. Bei den Benediktinern zumal war die Gartenarbeit in der Ordensregel festgeschrieben; auch die Karthäuser galten als besonders gartenkundig. Es ist erstaunlich, wie kenntnisreich selbst Äbte und Kirchenfürsten vom Gärtnern schreiben. Der Schluß liegt nahe, daß sie bereits auf einer unteren Stufe der Hierarchie, als junge Mönche, den Klostergarten betreuten und die Gartenarbeit von der Pike auf kannten, ehe sie dann später zur Feder griffen und ihren geistlichen Schriften nüchtern-lehrhafte oder hymnisch-preisende Betrachtungen über den Garten und seine Pflanzen an die Seite stellten, die ganz offensichtlich von echter Gartenlust inspiriert sind.

In den Klöstern wurde die Praxis des Gärtnerns beispielhaft gepflegt, von dort gingen Impulse in die Bauerngärten aus. Es war wohl auch das brachliegende, zumindest nicht recht ausgelastete Gefühlspotential der Mönche, das Energien freiließ für das Hegen und Pflegen von Schwester Pflanze und Bruder Baum. Diese verbinden, jedenfalls in ihren Gartenformen, von ihrem Wesen her das Nützliche mit dem Anmutigen, und so hatte man mit dem Dienst und der Arbeit auch gleich die anbetende Freude an der Schönheit von Gottes Schöpfung.

Auf dem berühmten Gartenplan des Klosters von St. Gallen aus dem 9. Jahrhundert ist ein besonderes Häuschen für den Bruder Klostergärtner eingezeichnet. In dem Salzburger Kloster Haushofen wurde – so bezeugen es die Urkunden – bis in die Neuzeit ein Pater Klostergärtner alljährlich über Land auf Wanderung durch das ganze Klostergebiet geschickt, um die Bauern in Obstanbau und allgemeiner Nutzgärtnerei zu unterweisen. *Albertus Magnus*, Erzbischof zu Köln, behandelte in seinem Werk

17

De vegetabilibus den Gartenbau nicht nur von der hohen Warte des Gelehrten aus. Hinter seinen detaillierten Angaben zur Rasenanlage und -pflege etwa wird eigenes Probieren und Hantieren gestanden haben (von Wurzeln gereinigte Anbaufläche, Erde zur Abtötung der Unkrautsamen mit kochendem Wasser übergießen; Rasenstücke mit Holzhämmern festdrücken etc.). Er wird uns im folgenden Kapitel noch beschäftigen.

Walahfried Strabo, Abt des Benediktinerklosters auf der Bodenseeinsel Reichenau, verfaßte im 9. Jahrhundert ein Gedicht in lateinischer Sprache: *Hortulus (Gärtchen)*, das von seiner ganzheitlichen Gartenbegeisterung kündet. Seinen poetischen Pflanzenportraits, die Schönheit, Symbolik, praktischen Nutzen und Heilkraft gleichermaßen bedenken, stellt er einige Verse voran, die ihn als Mann der Praxis ausweisen: vom Düngen mit Stallmist ist die Rede, Brennesselwurzeln seien aus den Beeten zu entfernen etc. Auch hier werden die Rosenstadt Paestum und der Gartengott Priapos erwähnt – ein deutlicher Hinweis auf Vergil, bewußte Nachfolge im ausführlichen Gartenlob, zu der dieser ja aufgefordert hatte.

Zahlreich gewiß sind Zeichen und Vorzug des ruhigen Lebens,
Nicht das Geringste ist es jedoch; der Rosenstadt Paestum
Kunst sich zu weihn in der Arbeit des garstigen Gottes Priapus.
Was für Land du immer besitzest, und wo es sich finde,
Sei's, daß auf sandigem Strich nur Steine unfruchtbar lasten,
Oder es bringe aus fetter Feuchte gewichtige Früchte,
Liegend auf ragenden Hügeln erhöht oder günstig im weiten,
Niedrigen Feld oder lagernd geschmiegt an die Lehne des Tales, –
Nirgends weigert es sich, die ihm eignen Gewächse zu zeugen,
Wenn deine Pflege nur nicht ermattet in lähmender Trägheit,
Nicht sich gewöhnt zu verachten den vielfachen Reichtum des
  Gärtners
Törichterweise, und nur sich nicht scheut, die schwieligen Hände
Bräunen zu lassen in Wetter und Wind und nimmer versäumet,
Mit zu verteilen aus vollen Körben im trockenen Erdreich.
Dies entdeckte mir nicht landläufiger Rede Erkenntnis
Und nicht allein Lektüre, die schöpft aus den Büchern der Alten:
Arbeit und eifrige Neigung vielmehr, die ich vorzog der Muße,
Tag für Tag, haben dies mich gelehrt durch eigne Erfahrung.

Grundsätzlich wird der fromme Mann jedoch auch die Muße, das beglückende Ausruhen nach getaner Gartenarbeit, gekannt haben. Er sandte sein Werk dem Abt des Nachbarklosters St. Gallen und forderte ihn auf:

Wenn Du im Gehege des grünenden Gartens niedersitzest unter dem schattigen Apfelbaum mit seinen schwellenden Früchten ..., während die spielenden Knaben aus Deiner fröhlichen Schule die mit zartem Flaum bedeckten Früchte sammeln ..., dann liest Du meine Gabe.

Von Walahfrieds Pflanzenporträts sei eine Passage über die Melone angeführt, die offenbar im milden Klima der Reichenau kultiviert wurde und gedieh:

Sieht man ein kräftiges Rankengewächs von anderer Gattung
Kriechen auf staubigem Grund und runde Früchte erzeugen.
Diese Sorte von Früchten, sie lagert sich meist auf des Bodens
Trockenem Rücken und schwillt in erstaunlich mächtigem Wachstum,
Bis sie dann, gelbich gefärbt von den Sonnenstrahlen des Sommers,
Füllet mit reifem Ertrag die Körbe des erntenden Gärtners.
...
Zerteilt man das hohle Gehäuse von Hand in
Zahlreiche Stückchen, so freut sich der Gastfreund bei Tische des guten
Leckerbissens der Gärten. Denn Weiße des Fleischs und Aroma
Schmecken dem Gaumen, und nicht wird solcherlei Speise die harten
Backenzähne erschrecken; gekaut schon im eiligen Schluck, hält
Kühl mit natürlicher Kraft sie die Eingeweide des Leibes.

Zu Nutzen und ›Frommen‹ des Menschen schuf Gott die Gärten. Im christlichen Mittelalter bis in die frühe Neuzeit inspirierte der Garten als Inbild der segensreichen Schöpfung zu demütigen, himmelwärts gewandten Gedanken. Das wird am Beispiel von Erasmus von Rotterdam und Grimmelshausen zu zeigen sein. Doch auch die Arbeit im Garten war von Gottes Wort her als christliches Exemplum geadelt. Der Barockdichter *Wolfgang Helmhard von Hohberg* hat gegen Ende des 17. Jahrhunderts in seiner *Georgica Curiosa, das ist umständlicher Bericht und klarer Unterricht von dem Adeligen Land- und Feldleben* – schon vom Titel her in bewußter Nachfolge von Vergils *Georgica* – Gott zum ersten Gärtner gemacht.

Was die Wirtschaft anbetrifft, hat kein Theil derselben so viel Freunde, Beförderer und Liebhaber bekommen als die edle Garten-Wissenschafft, ja – es ist gewiß, daß der allweise Gott selbst die erste Anweisung und Anleitung darzu gethan, indem Er die gantze Welt aus Nichts durch sein allmächtiges Wort erschaffen hat; hat Er doch, wie Moses in seinem 2. Capitel bezeugt, den Garten des Paradeyses gepflanzet, nicht erschaffen, so Er doch nach seiner Allmacht leicht hätte thun können, aber den Garten hat er gepflanzet, als wollte er seine Allmögenheit hier beyseits setzen und ruhen lassen, lieber Fleiß, Arbeit und Lust dazu anwenden, und dem Menschen damit ein Beispiel geben, daß er ihn bauen, das ist, nach seinem Exempel pflantzen und bewahren solle; daß also die Garten-Arbeit nicht eine Wirkung des göttlichen Fluchs, sondern eine Lust-Uebung der Gesundheit, eine Nachahmung der Göttlichen Natur, ein Spiegel des künftigen Paradises, eine Erquickung der abgematteten Geister, eine Lust-Arbeit der menschlichen Begierden, eine kleine Academie des Glaubens, der Liebe, der Hoffnung, der Gedult, und ein Vorbild sey so wol der zeitlichen Unbeständigkeit als des durch die Auferstehung verhofften ewigen Frühlings-Lebens.

Im 16., 17. und 18. Jahrhundert, in der Zeit des neu erwachten Naturgefühls und Landschaftssinns, wurde über Gärten viel geschwärmt und theoretisiert. Insbesondere die englischen Philosophen – Addison, Bacon, Pope – verrieten in ihren Essays über Gartenkunst und den sehr konkreten Vorschlägen zur Anlage von Parks detaillierte Kenntnisse in Botanik und im Umgang mit allen gärtnerischen Gestaltungselementen. Doch waren sie wohl eher Herren-Gärtner und ›Schreibtischtäter‹, und so sollen sie hier nur am Rande erwähnt werden.

Auch bei den Naturschwärmern, die das 18. und 19. Jahrhundert so reichlich hervorbrachte, ist die Gartenlust eher ästhetischer Natur: Körperliche Mühe und Plage sind – noch nicht und nicht mehr, denkt man an die Beispiele aus der Antike – literaturwürdig, von Arbeit und dem, der sie tut, ist kaum je die Rede. Wenn aber, dann in sentimental-praxisferner Weise, der Gärtner hat teil am Segen der Erde, in heiterer Unschuld tut er sein Werk, das in besonderem Maße Gott wohlgefällig ist.

In *Chr. M. Wielands* Versepos *Oberon* kommt das verfolgte Liebespaar Hüon und Amanda bei einem Eremiten zu zeitweiliger Ruhe. Das Weltflucht-Refugium erinnert an Bilder von fernöstlichen Einsiedlern, die sich vom eitlen Treiben in den Machtzentren in die Stille der Natur zurückgezogen haben.

> Und während Hüon ruht und seinen Durst hier stillet,
> Eilt er [der Eremit] und pflückt in seinem kleinen Garten
> In einen reinlichen Korb die schönsten Früchte ab.
> Die, für den Fleiß sie selbst zu bauen und zu warten,
> Nicht kärglich ihm ein milder Himmel gab,
> ...
> Was meine Hütte, was mein kleines Paradies
> Zu eurer Nothdurft hat, ist herzlich euch erboten.
> Glaubt, auch auf Heidekraut schmeckt Ruh der Unschuld süß,
> Und reiner fließt das Blut bey Kohl und magern Schoten.

Er erzählt den Gästen seine Geschichte, und als er endlich nach allen weltlich-allzuweltlichen Wirren dieses Elysium gefunden, so räsonniert der Dichter:

Und so verlebt er nun in Arbeit und Genuß
Des Lebens späten Herbst, beschäftigt seinen Garten
Den Quell von seinem Überfluß
Mit einer Müh, die ihm zu Wollust wird, zu warten ...
Kein heitrer Tag entflieht,
Der nicht in seinem lieben Garten
Ihn dies und das zu thun beschäftigt sieht.

Rund 20 Jahre später, in *Clemens Brentanos Chronika eines fahrenden Schülers*, sinniert der Ich-Erzähler:

Ich habe einen Gärtner in Franken gekannt, der wohnte nur wenige Stunden von unserm Dorfe und war ein gar frommer und liebreicher Mann, der seine zahlreiche Familie und seinen eignen alten Vater mit seinem Garten ernährte, und wer schöne Blumen und Früchte verlangte, der kaufte sie bei ihm. Ich habe mich oft bei diesem frommen Mann aufgehalten und wohl bewundert, wie er seine Arbeit eingeteilt hatte. Er grub die Erde um mit seinen größeren Söhnen und setzte die jungen Bäume und Gewächse, seine gute Frau band die Stämme an Pfähle, um sie schlank und grad zu ziehen, und zog die Zweige zu Lauben und Hütten zusammen, seine frommen Töchter, die noch gar klein waren, pflegten die Blumen und begossen sie aus kleinen Gefäßen ... So war ein jedes Werk ein anderes, aber alle taten doch das ihrige und waren fromm und von Gott gesegnet.

Bei diesen Leuten habe ich am meisten Gutes gelernt und habe ihnen vieles zu danken, das wie Samenkörnlein in mein Herz gefallen und jetzt erst recht zur Blüte in mir emporgewachsen ist ..., denn sie waren jegliches in seinem Herzen still und demütig in kindlicher Anschauung Gottes und der wunderbaren Allmacht seiner Werke begriffen, und zugleich breitete sich ihr Gemüt freudig und gesund durch ihr Leben aus; sie konnten in allem, was sie sahen, den großen gütigen Meister der Natur verehren und anbeten, aber sie konnten auch in allem, was sie besaßen, mit recht lebendiger Fröhlichkeit sich ergötzen und es genießen. So waren sie glücklich und Gott lieb in Unschuld und ohne es zu wissen.

Das Idealbild des Gärtners – seine Arbeit prädestiniert ihn zum guten Menschen. Und schon das bewußte Wandeln durch den Garten bewirkt Wunder, so heißt es ein paar Seiten vorher:

... da doch in den Blumen und Bäumen, ja selbst in den harten Felsen eine Seele zu wohnen scheint, welche gleich dem Menschen atmet und fühlt, sich im Frühling mit ihm erfreut und im Winter mit ihm trauert.

Die Baumkultur als Spezialzweig der Gärtnerei scheint in besonderer Weise standesgemäß zu sein. Sich dabei die Hände und die Schuhe schmutzig zu machen hatte offenbar zu allen Zeiten nichts Degradierendes. Das könnte damit zusammenhängen, daß gerade die Baumzucht – das Pfropfen zum Zwekke der Veredelung, der Erziehungsschnitt im Sinne des Mehrertrags – besonders augenfälliges Symbol für Kulturleistung schlechthin ist: natürlichen Wildwuchs in ordentliche, dem Menschen nützliche und ansehnliche Form zu bändigen. Und vielleicht spielt es auch eine Rolle, daß man sich bei der Arbeit an den Bäumen nicht zu bücken braucht und sich also auch von daher als Herrscher nichts vergibt. Von den Großkönigen im alten Persien ist überliefert, daß sie selber Bäume pflanzten und pflegten und daß der Unterricht in praktischer Baumkultur mit zur Prinzenerziehung gehörte. Ein letztes Echo des Baum-Gärtnerns hochgestellter Persönlichkeiten mag in den repräsentativen Baumsetzungsritualen von Politikern unserer Tage nachklingen, vergleichbar dem ›ersten Spatenstich‹ bei der Grundsteinlegung öffentlicher Gebäude: Sie nehmen gleichsam symbolisch einen Spaten zur Hand, ergreifen einen Baum, den man ihnen zureicht, und richten ihn in einer Grube aus, die natürlich andere gegraben haben und danach auffüllen und wässern werden.

Die aktive, praktische Arbeit der Baumkultur ist also eine Liebhaberei, ja Leidenschaft, für die sich selbst ein feiner Herr nicht zu schämen braucht. Auch in *Goethes Wahlverwandtschaften* (1809) wird Eduard – »so nennen wir einen reichen Baron im besten Mannesalter« – im ersten Satz des ersten Kapitels im Garten bei der Beschäftigung mit Bäumen eingeführt.

Eduard hatte in seiner Baumschule die schönste Stunde eines Aprilnachmittags zugebracht, um frisch erhaltene Pfropfreiser auf junge Stämme zu bringen. Sein Geschäft war eben vollendet; er legte die Gerätschaften in das Futteral zusammen und betrachtete seine Arbeit mit Vergnügen.

Und um einen gewissen Eindruck von den herrschaftlichen Anlagen zu geben, in denen das Ehepaar Eduard und Charlotte umgestaltend und ausbauend tätig ist:

Dieser [Eduard] stieg nun die Terrassen hinunter, musterte im Vorbeigehen Gewächshäuser und Treibebeete, bis er ans Wasser, dann über einen Steg an den Ort kam, wo sich der Pfad nach den neuen Anlagen in zwei Arme teilte. Den einen, der über den Kirchhof ziemlich gerade nach der Felswand hinging, ließ er liegen, um den andern einzuschlagen, der sich links etwas weiter durch anmutiges Gebüsch sachte hinaufwand; da, wo beide zusammentrafen, setzte er sich für einen Augenblick auf einer wohlangebrachten Bank nieder, betrat sodann den eigentlichen Stieg und sah sich durch allerlei Treppen und Absätze auf dem schmalen, bald mehr bald weniger steilen Weg endlich zur Mooshütte geleitet.

An der Tür empfing Charlotte ihren Gemahl und ließ ihn dergestalt niedersitzen, daß er durch Tür und Fenster die verschiedenen Bilder, welche die Landschaft gleichsam im Rahmen zeigten, auf einen Blick übersehen konnte. Er freute sich daran in Hoffnung, daß der Frühling bald alles noch reichlicher beleben würde. Nur eines habe ich zu erinnern, setzte er hinzu: die Hütte scheint mir etwas zu eng.

Eine hintersinnige Bemerkung: schon der Fortgang dieses Gespräches zwischen den Eheleuten bereitet die Erweiterung der Zweisamkeit zur verhängnisvollen Viersamkeit vor, in der dann nicht mehr die »heitere Vernunftfreiheit der sittlichen Ordnung der Ehe« (Goethe selbst in einer Besprechung seines Romans), sondern jene magisch-mystischen *Wahlverwandtschaften* die Geschicke der vier Menschen bestimmen werden. Zunächst wird der männliche Dauergast, der Major, sich seinerseits intensiv und kundig auf die Gartenplanung und -renovierung einlassen. Gemeinsam frönt man der Gartenleidenschaft, die in den Jahrzehnten um die Wende vom 18. zum 19. Jahrhundert in besonderem Maße in Europa grassierte. Auch Goethe selbst und sein Freund und Fürst, der Herzog Karl August, waren davon angesteckt. Gemeinsam schaut man sich – im Roman wie sicher auch in der Realität des Weimarer Schlosses – Kupferstiche an, um sich von anderen Parks inspirieren zu lassen – es wird nicht ausdrücklich erwähnt, aber es dürfte sich um die Anlagen der ersten Landschaftsgärten auf dem Festland gehandelt haben, den Park von Wörlitz zum Beispiel, der Goethe und den Herzog bei einem Besuch so sehr beeindruckt hatte.

Weite Passagen des Romans, darunter alle entscheidenden Szenen, spielen sich im Park ab. Vor allem Charlotte und der Major finden sich über die Hingabe an die Gartenarbeit, die in jenem höheren Sinne als ordnungsstiftend, als ›vernünftig‹ erlebt wird – eine Kunst, an dem »ersten rohen Naturzustand vorgenommen, um all das bestehende Gute zu nutzen und zu steigern«.

Es ist die Arbeit im Garten, die sich als roter Faden durch alles Geschehen hindurchzieht: zunächst inspirierend und Gemeinsamkeit stiftend, später, zumal für die beiden zeitweilig allein zurückgebliebenen Frauen, als Ritardando vor der endgültigen Katastrophe, tröstlich und die Hoffnung auf eine neue Harmonie der Beziehungen nährend:

Der Frühling war gekommen, später, aber auch rascher und freudiger als gewöhnlich. Ottilie fand nun im Garten die Frucht ihres Vorsehens: alles keimte, grünte und blühte zur rechten Zeit; manches, was hinter wohlangelegten Glashäusern und Beeten vorbereitet worden, trat nun sogleich der endlich von außen wirkenden Natur entgegen, und alles, was zu tun und besorgen war, blieb nicht bloß hoffnungsvolle Mühe wie bisher, sondern ward zum heitern Genusse.

Vom Berufs-Gärtner ist dann die Rede, stellvertretend für den ›Gärtner‹ schlechthin:

So wenig der Gärtner sich durch andere Liebhabereien und Neigungen zerstreuen darf, so wenig darf der ruhige Gang unterbrochen werden, den die Pflanze zur dauernden oder zur vorübergehenden Vollendung nimmt. Die Pflanze gleicht den eigensinnigen Menschen, von denen man alles erhalten kann, wenn man sie nach ihrer Art behandelt. Ein ruhiger Blick, eine stille Konsequenz, in jeder Jahreszeit, in jeder Stunde das ganz Gehörige zu tun, wird vielleicht von niemand mehr als vom Gärtner verlangt.

Und dann – der ›Gärtner fürs Grobe‹ kann den Höhenflügen seiner Herrschaft nicht recht folgen, und der Leser erfährt einiges über die Gartenpraxis der Zeit:

Denn ob er [der im Haus angestellte Berufsgärtner] gleich alles, was die Baum- und Küchengärtnerei betraf, auch die Erfordernisse eines ältern Ziergartens vollkommen zu leisten verstand – wie denn überhaupt einem vor dem andern dieses oder jenes gelingt – ob er schon in Behandlung der Orangerie, der Blumenzwiebeln, der Nelken- und Aurikelstöcke die Natur selbst hätte herausfordern können, so waren ihm doch die neuen Zierbäume und Modeblumen einigermaßen fremd geblieben, und er hatte vor dem unendlichen Felde der Botanik, das sich nach der Zeit auftat, und den darin herumsummenden fremden Namen eine Art von Scheu, die ihn verdrießlich machte. Was die Herrschaft voriges Jahr zu verschreiben angefangen, hielt er um so mehr für unnützen Aufwand und Verschwendung, als er gar manche kostbare Pflanze ausgehen sah und mit den Handelsgärtnern, die ihn, wie er glaubte, nicht redlich genug bedienten, in keinem sonderlichen Verhältnis stand.

In *Dichtung und Wahrheit* erinnert sich Goethe eines Gärtners aus dem wirklichen Leben und seines Gartens um ein reales Frankfurter Patrizierhaus in liebevoll-ehrfürchtiger Nachzeichnung kindlicher Glücksmomente. Sein Großvater, ein »würdiger Greis«, Jurist und einer der Honoratioren der Stadt, wird als Freizeitgärtner vorgestellt:

Gewöhnlich eilten wir sogleich in den Garten, der sich ansehnlich lang und breit hinter den Gebäuden hin erstreckte und sehr gut unterhalten war; die Gänge meistens mit Rebgeländer eingefaßt, ein Teil des Raums den Küchengewächsen, ein anderer den Blumen gewidmet, die vom Frühjahr bis in den Herbst in reichlicher Abwechslung die Rabatten sowie die Beete schmückten. Die lange gegen Mittag gerichtete Mauer war zu wohl gezogenen Spalierpfirsichbäumen genützt, von denen uns die verbotenen Früchte den Sommer über gar appetitlich entgegenreiften ... In diesem friedlichen Revier fand man jeden Abend den Großvater mit behaglicher Geschäftigkeit eigenhändig die feinere Obst- und Blumenzucht besorgend, indes ein Gärtner die gröbere Arbeit verrichtete. Die vielfachen Bemühungen, welche nötig sind, um einen schönen Nelkenflor zu erhalten und zu vermehren, ließ er sich niemals verdrießen. Er selbst band sorgfältig die Zweige der Pfirsichbäume fächerartig an die Spaliere, um einen reichlichen und bequemen Wachstum der Früchte zu befördern. Das Sortieren der Zwiebeln von Tulpen, Hyazinthen und verwandten Gewächsen, sowie die Sorge für Aufbewahrung derselben überließ er niemanden; und noch erinnere ich mich gern, wie emsig er sich mit dem Okulieren der verschiedenen Rosenarten beschäftigte. Dabei zog er, um sich vor den Dornen zu schützen, jene altertümlichen ledernen Handschuhe an ...

Gartenarbeit als Symbol für sinnstiftendes menschliches Wirken schlechthin – das könnte fast als Motto für das Werk *Adalbert Stifters* gelten – und hier dient tätige Nähe zur Erde, anders als in den *Wahlverwandtschaften*, durchaus als dauerhaft erfolgreiche Therapie gegen die gesellschaftliche Ordnungen gefährdenden Leidenschaften. »Aus einem schlechten Grund ein schönes, gezähmtes, menschliches Erdstück zu machen« – so nennt es der Obrist in der *Mappe meines Urgroßvaters* – ist eine der vornehmsten Aufgaben des Menschen, ist Metapher für Stifters Ideal des selbstlos an einer sinnvollen Ordnung auf Erden mitgestaltenden Menschen. Die von allerlei inneren Wirren umhergetriebenen jungen Menschen in Stifters Novellen werden schließlich seßhaft, verzichten auf ungeordnetes Schwärmen und Schweifen – und legen einen Garten an. Auch sie gehören sämtlich zu den gehobenen Ständen, ein Gut, ein Schloß mit einem vernachlässigten Stück Umland ist selbstverständlich zur Hand. Doch der Entschluß, der ›erste Gärtner‹ auf dem eigenen Anwesen zu werden – in einer Schar von Hilfskräften, versteht sich –, kommt einem sittlichen Akt gleich, einer Entwicklungsstufe hin zur Menschwerdung: »an Gottes Schöpfung sich freuen, die festgegründete Erde nicht verachten, sich einem praktischen Handeln hingeben und selbst Gemüse zu pflanzen und Gartenbeete zu düngen«, so faßt Stifter in einem Brief sein Verhältnis zur Gartenarbeit zusammen.

Die wichtigsten Gestalten in Stifters Novellen und in seinem Roman *Der Nachsommer* sind überzeugte und kompetente Gärtner. Landbau, Beschäftigung mit Gartendingen gehört unverzichtbar zu ihrer Lebensform und darüber hinaus zu Stifters Menschenbild, steht gleichwertig neben dem Studieren und Katalogisieren der Naturphänomene, dem Sammeln, Restaurieren, Konservieren von Kunstgegenständen. Die Dinge durchschaubar zu machen, sie ›festzulegen‹, ordnend in den Griff zu bekommen – damit wird ihnen ihre chaotische, beängstigende Komplexität genommen.

Mädchen im heiratsfähigen Alter und junge Frauen in den ersten Ehejahren werden bei Stifter – oft in einer Binnengeschichte der Vergangenheit – in den Sog männlicher Leidenschaften und Gefühlsverwirrungen hineingezogen. Hader, Verzweiflung, Seelenschmerz entstehen daraus, schicksalhafte Unordnung menschlicher Verhältnisse, die es dann in selbstlosem Tätigsein zu sühnen und zu korrigieren gilt. Der Mensch ist dafür verantwortlich, daß sein Lebensweg am Ende einem geordneten Mikrokosmos, einem wohl angelegten Garten gleicht. Die Frauen sind zumeist schön und sittsam, weniger gefährdet als die Männer. Ihnen scheint es von Natur aus leichter zu fallen, das Rechte zu tun bzw. auf eine sehr passive Weise eher das Unrechte zu lassen. Stifters Frauenbild ist in starkem Maße von biedermeierlich-bürgerlichem Rollenverständnis bestimmt. Und da ist Gartenarbeit und Gartengestaltung Männersache. Erstaunlicherweise gibt es dennoch zwei Frauengestalten, die sich diesem Klischee entziehen. Sie nehmen aus unterschiedlichen Gründen ihr Schicksal selbst in die Hand, das sie aus geordneten Bahnen geworfen hat, ziehen Männerkleider an, opfern die dem Schönheitsideal obligatorische edle Blässe und scheuen die bräunende Sonne nicht – und stürzen sich mit Eifer und Erfolg in die Land- und Gartenarbeit.

Brigitta in der gleichnamigen Novelle macht ein ödes Steppenanwesen in der ungarischen Pußta zu einem Mustergut – »sie habe auf dem Steinfeld fast Wunder gewirkt« – und gibt den Männern ihrer Umgebung Beispiel und Vorbild.

Sie führte uns in den Park, der vor zehn Jahren ein wüster Eichenwald gewesen war; jetzt gingen Wege durch, flossen eingehegte Quellen und wandelten Rehe. Sie hatte durch unsägliche Ausdauer um den ungeheuren Umfang desselben eine hohe Mauer gegen die Wölfe ausführen lassen.

Und an anderer Stelle, diesmal auf dem Gut des Majors, ihres geschiedenen Mannes, dem Brigittas Wirken – in einer späteren Phase ihrer erneuerten, gereiften Beziehung – Ansporn und Vorbild geworden war:

Von da kamen wir an den vielen reinen, weißen Sandbeeten der Glashäuser vorüber, in denen die ganz jungen Pflänzchen standen, dann an all den Blumen und Gewächsen, deren Zucht er sich zur Aufgabe gemacht hatte. An dem entgegengesetzten Ausgange der Anlage warteten unsere Pferde, die ein Gärtnerbursche indessen hinten herum geführt hatte. Hier waren die Stellen zur Bereitung und Mischung der Erden, die von Eseln in Körben aus verschiedenen Gegenden und oft von weit entfernten Nadelwaldungen das ganze Jahr hindurch herbeigebracht werden. Selbst zum Brennen der Erde waren bestimmte Orte, und in der Nähe war das Eichenholz aufgeschichtet, das im Winter zur Erwärmung dient.

Auch der junge Ich-Erzähler, der bei dem Major als Gast weilt, wird von der subtilen, die Seele veredelnden Gartenlust angesteckt:

Als ich einmal ein Teil jenes einträchtigen Wirkens war, das er entfaltete, wollte ich doch die Sache so gut machen, als ich konnte, und da ich mich übte, machte ich sie immer besser, ich war nütze und achtete mich – und da ich die Süßigkeit des Schaffens kennen lernte, erkannte ich auch, um wie viel mehr wert sei, was ein gegenwärtiges Gutes setzt, als das bisherige Hinschlendern, das ich Erfahrungen sammeln nannte, und ich gewöhnte mich an Tätigkeit.

Er wird schließlich Zeuge, wie Brigitta und der Major in ihren fortgeschrittenen Jahren noch einmal und endgültig zu einander finden auf der festgegründeten Basis gemeinsamer Verantwortung für den ›Garten‹: für die Menschen, Tiere und Pflanzen darin, die ihnen anvertraut sind.

Die andere Gärtnerin, Maria in *Zwei Schwestern*, macht aus einer steinernen Hochfläche im Gebirge oberhalb des Gardasees einen blühenden Garten und schafft damit für ihre Familie nach einem finanziellen Desaster eine neue Existenz. ›Selbstvermarktung‹ würde man das heutzutage nennen, was da wirtschaftlich betrieben wird, und gewinnbringende ›Spezialkulturen‹ – außer Obst und Gemüse vor allem Dahlienknollen, Tulpenzwiebeln und Staudenableger – werden gezogen.

Auch hier wieder kommt ein junger Mann als temporärer Gast in die Einöde. Ein langer, beschwerlicher Aufstieg, und dann:

Nach einer Zeit kam ich zu einem Garten, an dessen Gittertore der Weg endete. Das Gitter stand offen, und ich ging in den Garten hinein. Ein breiter Weg führte in gerader Richtung auf das Haus zu.

Und am nächsten Morgen, als er aus dem Fenster schaut:

Was ich gestern vermutet hatte, war richtig: eine Terrasse lag gerade unter meinen Fenstern. Sie enthielt Bänke, zwischen denen Kübel mit Orangenbäumen standen. Dann waren Weingeländer, Blumen und Zwergobst. Das alles war durch ein graues Gitterwerk von dem äußeren Garten getrennt. In diesem äußeren Garten standen Obstbäume, aber in ziemlichen Räumen von einander entfernt, und zwischen ihnen waren Gemüsebeete und wieder Blumen. Letztere aber waren sonderbarer Weise nicht zu Verzierungen verwendet, sondern sie standen alle nach Gattungen in großen einfarbigen Flecken beisammen. Da war nun einer hellrot, der andere blau, der dritte weiß. Jenseits des Gartens, der durch eine Mauer von rohen Steinen eingefaßt war, hörte die Baumpflanzung nicht auf, sondern es standen noch viele, je nachdem es der Grund zuließ, bald dichter, bald dünner beisammen, und zwischen ihnen lagen die grauen Steine der Gegend zerstreut ... Selbst der Gemüsegarten mußte neuen Ursprungs sein; denn auch in ihm lagen zwischen den Pflanzen noch größere Stücke des grauen Steines, die man nicht hatte weg bringen können, oder die nur unterdessen noch da waren. Dies gab dem Garten ein seltsames, aber ich muß gestehen, malerisches Ansehen, da es die Einerleiheit, mit der uns unsere Gärten trotz ihrer Überladung quälen, sehr eigentümlich und phantastisch unterbrach ... Es war durchaus ein Nutzgarten, sehr viele Obstbäume, teils Zwerg- und Lattenobst, teils hohe, reiche Stämme, standen auf dem Raume umher und hatten die Blumen und eine große Menge verschiedener Gemüse unter sich.

Jene nach Gattungen gepflanzten Blumengruppen sind für den Verkauf bestimmt, wie der Gast später erfahren wird. Als Maria ihn durch die Anlage führt – alle diese passionierten Gärtner bei Stifter sind auch eifrige Führer durch ihre eigenen Gärten und setzen bei ihren Besuchern unermüdliches Interesse voraus –, heißt es:

»Also haben Sie selber alle diese Pflanzen gesetzt?« fragte ich.

»Nicht gerade ich selber,« antwortete sie, »aber mit Beihilfe der Leute, die zu dieser Beschäftigung aufgenommen worden sind. Es ist sehr schön, wenn man den Dingen die ihnen zugeartete Erde geben kann, wenn man sie nach ihrem Begehren feucht oder trocken halten und ihnen nach Wunsch Licht und Schatten erteilen kann ...« Dann zeigte sie mir auch ihre Nelken, Levkojen, Rosen und anderes; sie zeigte mir ihre Tulpenbeete und die, wo sie die Hyazinthen aus Samen ziehe.

Es folgt der Gang zu den bei Stifter obligatorischen Gewächshäusern; hier vor allem wachsen die zum Verkauf bestimmten Blumen, und Maria berichtet, wie ganze Eselsladungen davon, sowie zur Saison auch das Obst, zu Tal in die Orte am See gehen und auch noch weiter, »wo die Sachen dann von verschiedenen Händlern weiter verführt werden«.

Die geordnete Natur des Draußen ist Sinnbild für harmonische Beziehungen ›drinnen‹, d.h. zwischen den Menschen. Schöner utopischer Traum einer heilen Welt – den der Gärtner zumindest in der Welt der Fiktion am reinsten leben kann.

Es ist doch, dachte ich, eine wunderbare Anmut, wie der Mensch in der Gesellschaft mit seinen Pflanzen lebt, die seinen Geist zum Himmel leiten und seinem Leibe die einfachste, edelste und keuscheste Nahrung gewähren.

Schöner und schlichter ist der Sinn des Gärtnerns wohl kaum je in Worte gefaßt worden.

Es gab also durchaus Damen der besseren Stände, die gärtnernd ihren ›Mann‹ standen. »Maria war bei allen Dingen dabei, sie wurde immer heiterer, und hatte auch kürzere Röcke und Stiefelchen machen lassen, um überall hin gehen zu können«, so heißt es in *Zwei Schwestern*. Diese Frauen stellten sich den Herausforderungen ihrer Lebenssituation, sie setzten sich der hautgerbenden, schönheitsfeindlichen Wirkung von Wind und Wetter aus, machten urbar, projektierten und kommandierten – und der Ausbruch aus den Rollenklischees ihrer Zeit bekam ihnen gut. Stifter führt sie, genau wie die männlichen Pendant-Figuren, in seinen Werken durch die Schule des Tätigseins im Garten zu höheren pädagogischen Zielen. Das ist fast revolutionär und nur in der Literatur möglich. Noch rund 50 Jahre später schreibt *Elizabeth von Arnim* (die Australierin, verheiratet mit dem Baron aus preußischem Adelsgeschlecht, hatte im Norden der Mark Brandenburg auf dem Gut der Familie ihre Gartenleidenschaft entdeckt) in ihrem autobiographischen Tagebuch *Elizabeth und ihr Garten:*

Wenn ich doch nur selbst graben und pflanzen könnte! Um wieviel leichter wäre es und wie faszinierend, die Löcher selbst machen zu können, genau dort, wo man sie haben will, und dann die Pflanzen ganz nach Belieben einzusetzen, statt Anordnungen geben zu müssen, die nur halb verstanden werden! ... In der ersten Wonne darüber, einen Garten ganz für mich allein zu haben, und in meiner brennenden Ungeduld, die öden Flecken Land rosig erblühen zu lassen, schlich ich mich doch tatsächlich verstohlen an einem warmen Sonntag im April letzten Jahres während der Mittagsstunde des Personals, doppelt sicher vor dem Gärtner durch den Feiertag und die Essenszeit, mit einem Spaten und einer Harke hinaus und hob fieberhaft ein kleines Stück Boden aus, wühlte die Erde um, säte heimlich Prunkwinden und rannte völlig erhitzt und schuldbewußt wieder zurück ins Haus ..., gerade noch rechtzeitig, um meinen guten Ruf zu retten. Und warum darf man das nicht? Es ist nicht anmutig, und es macht einen heiß; aber es ist eine gesegnete Art von Arbeit, und hätte Eva im Paradies einen Spaten gehabt und etwas damit anfangen können, hätten wir nicht diese ganze traurige Geschichte mit dem Apfel.

Niemals wieder nach Stifter hat die Literatur Planen und Arbeiten im Garten in ähnlicher Weise veredelt und idealisch überhöht. Das Gärtnern wird im 20. Jahrhundert zwar nach wie vor als eine der physischen wie psychischen Gesundheit äußerst förderliche Beschäftigung angesehen, aber es wird zu einer privaten Liebhaberei. Einer solchen mit hohem Stellenwert allerdings, bei der man sich – anders als mit sonstiger körperlicher, schweißtreibender Arbeit – in guter bis bester Gesellschaft befindet.

Hermann Hesse – man stellt ihn sich in seinen späteren Lebensjahrzehnten in Montagnola wenn nicht am Schreibtisch, so in seinem Garten arbeitend vor – verfaßte neben etlichen Gedichten mit poetischen Gartenbildern ein langes Gartengedicht *(Stunden im Garten)* in antiker Manier – Vergil, auch Walahfried Strabo mögen dabei Pate gestanden haben.

Durch die Reben den Grashang hinab, den Strohhut tief in die Stirne,
Steig ich die schöngelegten Steinstufen, Abhang um Abhang.
Schon ist verschwunden das Haus, ich seh den beschnittenen Buchs-
  baum

Starr in den glühenden Himmel ragen, es nimmt mich der Garten,
Nimmt mich der steile Rebenhang auf, und schon sind die Gedanken
Weg vom Hause, vom Frühstück, den Büchern, der Post und der
  Zeitung.
... aber die Augen
Wenden sich bald von dem blendenden Blick in den Ost und
  beginnen
Alsbald ihr Tagwerk am Boden, des Gartens Herren und Wächter.
Hier erspähn sie im Erdbeergeschoß das junge Geranke,
Da und dort auch dazwischen ein Unkraut, nah schon am Blühen,
Das man am besten sogleich wegnimmt, eh es Zeit hat, die Blüte
Auszubilden und rings zu verstreun den unzähligen Samen.

Von den Gemüsekulturen auf dem steinigen, eng terrassierten
Grundstück ist die Rede und von der Helferin, die in »blecher-
nen Kesselchen« Kaninchenmist herbeischleppt und Asche, den
Boden zu düngen – und dann weiter:

Aber da, wo der Weg jeweils den Beeten sich nähert,
Haben wir jedes Jahr ein paar Blumen stehen, denn täglich
Geht man den Weg ja, den steilen, gar oft, und wenn auch die Bohnen,
Wenn auch Erbsen und Kohl vielleicht schon braun und versengt stehn,
Immer bekommen doch noch die paar Blumen am Rande ihr Wasser,
Zinnien, rotviolett, oder Löwenmaul und Kapuziner.

Und wiederum – nach ausführlichen, etwas ermüdenden Aus-
führungen über Bodenbeschaffenheit, Brennholzlagerung, Re-
benspritzungen etc. – zum Schluß von einem schmalen Streifen
ebenen Grundes:

Ein willkommenes Stück; hier ziehn wir unsre Gemüse,
Hier verbringen wir, Mann wie Weib, einen Teil unserer Tage,
Weit vom Hause, verborgen im Grün, und wir lieben dies Pflanzland
Sehr, denn wahrlich es ist hier an Wert und Vorteil nicht wenig
Angehäuft, das der Fremde (man würdigt des Anblicks nicht jeden)
Kaum erkennt, aber uns ist`s bekannt und wir schätzen es dankbar.

Auch der schwedische Dramatiker *August Strindberg* war, folgt
man der Beschreibung seines Gartens auf einer Insel in den
Schären vor Stockholm und seiner kundigen Strategie, den kurzen nordischen Sommern mit trotzigem Dennoch Gemüseern-
ten und Blumenflor abzugewinnen, ein etwas brummiger, aber
doch offensichtlich leidenschaftlicher Gärtner. Wenn er im Frühjahr auf seine Insel kommt, geht es richtig los. Er schildert sach-
lich und detailliert seine Methoden in den einzelnen Phasen
des Gemüseanbaus, seine Erfahrungen mit Quecken und Un-

geziefer, den Kampf gegen den Nordwind. Hier eine kurze Probe:

Nachdem ich meine Herbstpflanzungen, Obstbäume, Beerenbüsche, Flieder und Jasmin begrüßt habe, beschäftige ich mich mit dem Säen ... Radieschen, Petersilie und Spinat säe ich ziemlich dicht, weil die vielen Blätter den nötigen Schatten geben, der die Bodenfeuchtigkeit festhält. Dann siebe ich Erde über den Samen ...

Nun, da alles gewachsen ist und in Blüte steht, muß selbst der parteiische Betrachter zugeben, daß die Erde unerschöpflich ist, wenn man nur versteht, sie sich nutzbar zu machen. Auf diesem Fleckchen von der Größe eines Speisesaales oder dem Fleckchen Kartoffelland eines Kätners, weit draußen in dem Inselmeer, ist im Garten alles am Besten vorhanden, was Mittelschweden hervorbringen kann. Außer dem Gemüse, vom Spargel bis zum englischen Blumenkohl und zur Artischocke, wachsen hier die edelsten Früchte, von den Erdbeeren bis zur gelben Herzkirsche, der Reineclaude, dem Hawthornapfel und der berühmten Guten Louise – als Wunder werden zwei Weinreben im Spalier an der Südwand des kleinen Hauses gezeigt ...

Und gegen die Quecken: Das beste Mittel gegen sie ist, sein Land selber umzugraben, wie man bei allen Gartenarbeiten selbst sein bester Gärtnerbursche ist.

Rainer Maria Rilke stellt uns in seinem Essay über *Worpswede* mit dem Maler *Heinrich Vogeler* einen Menschen vor, der sich mit Kopf, Herz und Verstand auf seinen Garten einläßt. Wir erfahren hier über konkrete Gartenpraxis nichts, wohl aber in schönen einfühlsamen Worten manches über die persönlichkeitsbildende Kraft des Gärtnerns; denn Heinrich Vogeler wäre nicht der Mensch und Maler geworden – das spricht aus jeder Zeile dieses Gärtnerporträts – ohne seine Natur- und Gartenliebe: eine wechselseitig segensreiche Beziehung.

Es ist nicht das weite Land, darin er wohnt, bei dem er den Lenz gelernt hat; es ist ein enger Garten, von dem er alles weiß, sein Garten, seine stille, blühende und wachsende Wirklichkeit, in der alles von seiner Hand gesetzt und gelenkt ist und nichts geschieht, was seiner entbehren könnte. Die kleinste Blume, die da entstand, hat er zur Taufe gehalten und jeder Rose hat er die Mauer hinaufgeholfen zu dem Platze, wo sie lächeln und leben wollte ... Seiner Bäume Kindheit hat er Tag für Tag überwacht und hat teilgenommen an ihnen wie an Brüdern. Darum liebt er die großen Winde dieses Landes, weil sie sich wie Hände an seine Bäume legen und das, was er geplant hat, bilden und biegen in den bewegten Nächten des Frühlings, wenn die Stämme, steigender Säfte voll, wie Fontänen stehen im Sturme. Und der weite Himmel ist ihm lieb, weil er seiner kleinen Blumen Licht und Regen ist und der Glanz auf den Blättern seiner Bäume und in den Fenstern des weißen Hauses, das mitten im Garten steht. Er ist der Gärtner dieses Gartens, wie man der Freund einer Frau ist: leise geht er auf seine Wünsche ein, die er selbst erweckt hat, und sie tragen ihn weiter, indem er sie erfüllt ... So lebt er sein Leben in den Garten hinein, und dort scheint es sich auf hundert Dinge zu verteilen und auf tausend Arten weiterzuwachsen. In diesen Garten schreibt er seine Gefühle und Stimmungen wie in ein Buch; aber das Buch liegt in den Händen der Natur, die wie ein großer Dichter die flüchtigsten seiner Einfälle gebraucht, um sie auf eine unerwartete Weise auszuführen.

Hans Christian Andersen macht einen Gärtner zur Hauptperson einer Erzählung: *Der Gärtner und die Herrschaft.* Da geht es nicht märchenhaft zu, wie sonst zumeist bei Andersen, sondern ziemlich real: eine »reiche, hochadlige Herrschaft wohnt in einem alten Herrenhof mit dicken Mauern ..., eine Meile von der Hauptstadt entfernt«. Für das Drumherum sorgt Larsen, ein »tüchtiger Gärtner; es war eine Lust, den Obst- und Gemüsegarten zu sehen«. Eine wirkliche Perle, der Larsen, und leutselig bekommt er sogar über die Jahrzehnte hier und da ein Lob gespendet. Es ist schwer, dieser anspruchsvollen Herrschaft, bei der gelegentlich der König oder eine echte Prinzessin zu Gast sind, alles recht zu machen – so wie es allgemein schwer bzw. unmöglich ist, Menschen dauerhaft zufriedenzustellen. Die alte Parabel von der Unersättlichkeit und vom neidvollen Äugeln über den Zaun in Nachbars Garten, sie wird hier neu erzählt. Zuerst sind es überaus köstliche Äpfel und Birnen, dann Melonen, die die Herrschaft woanders gegessen hat und von denen sie ihrem Gärtner mit vorwurfsvollem Unterton berichtet. Es stellt sich heraus, daß beides von den eigenen Beeten stammt, von ihrem Gärtner selbst gezogen. So geht es weiter: bewunderte Blumen, dann achtlos weggeworfen, als sich herausstellt, daß es Artischockenblüten von Larsens Beeten sind. Der Name der Adelsfamilie und ihres Gutes verbindet sich schließlich mit einem gewissen Gartenrenommee, dem inzwischen über der Arbeit an seinen Kulturen und Bäumen alt gewordenen Larsen allein gebührte dieser Ruhm, die Herrschaft aber brüstet sich zu guter Letzt damit, daß sie ihm all die Jahre niemals gekündigt hat: »Sie waren gute Menschen, und von ihrer Art gibt es so viele gute Menschen, und das ist erfreulich für jeden Larsen.«

Ein ironisch-bitterer Schluß. Ein Ton von Sozialkritik schwingt mit – Andersen selbst war über viele Jahrzehnte seines Lebens vom Wohlwollen der ›Herrschaft‹ abhängig, wenn auch nicht als Gärtner.

In der modernen Literatur kann Gartenleidenschaft durchaus zum Verhängnis werden. In der Erzählung *Der Garten* des Amerikaners *Paul Bowles* von 1963 legt ein armer Mann sich am Rande einer Oase eines »südlichen Landes« einen Garten an, er gräbt Bewässerungskanäle, pflanzt Granatapfelbäume. »Ein großes Glücksgefühl erfüllte ihn, ... und es schien ihm, nun, da er wußte, was Glück ist, würde er dieses Gefühl nie wieder verlieren.« Die Freude in seinen Augen, mit der er täglich von der Gartenarbeit heimkommt, weckt Mißtrauen bei den anderen, zunächst bei seiner Frau, die glaubt, er habe da draußen einen Schatz entdeckt und verheimliche ihr den Fund. Eine Kette verhängnisvoller Irrtümer und Bosheiten führt zum Verlust seines Erinnerungsvermögens. Nur seinen Garten kennt der Mann noch. Seine Frau ist verschwunden, er vermißt sie nicht. Er wird nicht mehr in der Moschee gesehen, und so sucht ihn eines Tages der Imam im Garten auf.

Er ging hinaus zu dem Garten am Rande der Oase und fand ihn dort, wie er sich glücklich mit den Pflanzen und Bäumen beschäftigte. Er schaute ihm eine Weile zu, und dann trat er näher und sprach ein paar Worte mit ihm.
Es war später Nachmittag. Die Sonne ging gerade im Westen unter, und das Wasser am Boden färbte sich rot davon. Auf einmal sagte der Mann zu dem Imam: »Der Garten ist schön.«
»Schön oder nicht schön«, sagte der Imam, »du solltest Allah dafür danken, daß du ihn hast.«
»Allah?« sagte der Mann. »Wer ist das? Ich habe nie von ihm gehört. Ich selbst habe diesen Garten gemacht. Ich habe jeden Kanal gegraben und jeden Baum gepflanzt, und niemand hat mir dabei geholfen. Ich schulde niemandem etwas.«

Damit ist das Schicksal des Mannes besiegelt. Seine Mitmenschen in der Oase werfen mit Steinen nach ihm, er wehrt sich und trifft einen Jungen, und dann:

Als sie den Mann umgebracht hatten, ließen sie ihn dort liegen mit dem Kopf in einem der Wasserkanäle, sie gingen zurück in die Stadt und dankten Allah, daß der Junge in Sicherheit war.
Nach und nach starben die Bäume, und sehr bald war der Garten verschwunden. Es blieb nichts als Wüste.

Es gibt im Koran ein Gleichnis für die Vergeblichkeit alles diesseitigen Lebens und Strebens im Bild eines Gartens und seines Besitzers, der sich, selbstgewiß, ›ungläubig‹ und verblendet, für den autarken Schöpfer und Erhalter seines ertragreichen Gartens hält (Sure 18, 32). Das mag Bowles zu dieser zutiefst pessimistischen Geschichte aus der Welt des Islam angeregt haben.

Nicht nur kann in der modernen Literatur der Gärtner von Bösen gejagt und vernichtet werden. In radikaler Werteperversion kann er, der Hüter und Ordner der heiligen Natur, im 20. Jahrhundert auch selbst der Böse sein. Für den modernen Kriminalroman bzw. -film ist sogar die provokante These aufgestellt worden, der Gärtner sei immer der Mörder – wohlgemerkt der echte Mörder, verkleidet als unechter Gärtner mit der grünen Schürze, eben weil man den Gärtnern dank ihrem guten Ruf von Urzeiten her nichts Böses zutraut und der Garten so ein perfektes Alibi abgeben kann.

In *Georg Kaisers* Drama *Der Gärtner von Toulouse* (1937/38) verkörpert der Gärtner tatsächlich das Böse schlechthin. Schauplatz aller fünf Akte ist ein Gewächshaus. Die ausführliche Regieanweisung vor dem 1. Akt läßt kein Detail dieser Örtlichkeit unberücksichtigt, vom »Gestell mit tonfarbenen Blumentöpfen, von zwei Oleanderbäumen in Kübeln flankiert, über buntfasriges Bindematerial, den Schaukelstuhl, der mit frischer kraßroter Ölfarbe gestrichen ist«, bis zur abschließenden Bemerkung: »Es herrscht peinliche Ordnung und Sauberkeit – in den Treibräumen grünen die jungen Pflanzen.«

Da drinnen waltet der Gärtner François und redet sehr philosophisch-einfühlsam daher:

Ich wurde deshalb Gärtner. Es zog mich zu den Pflanzen. Ich fühlte mich dem Geheimnis näher, wie Pflanzen fühlen. Wir Menschen wissen zuviel. Wir sind doch zu beweglich. Ohne Wurzeln, die uns verhindern herumzuschweifen. Das ist unser Fluch. Der Fluch von Tier und Wurm, der von der Höhle wegkriecht, wo er geboren ist. Der niedere Wurm, der sich im Staube wälzt. Doch Pflanzen stehen mit ihren Wurzeln überm Staub!

Seine Pflanzen haben es gut bei ihm – Menschen weniger, die in den schwülen Dunstkreis seines Gewächshauses geraten – zumal, wenn sie zu viel über seine zweifelhaften Machenschaften wissen. Ein Mord geschieht gleich hinter der Holztür zur »Mooskammer« bei den jungen Setzlingen, die er gerade pikieren wollte. Er schiebt die Untat seiner jungen Frau in die Schuhe, die er nur geheiratet hat, um die Gärtnerstelle zu bekommen. Und er verabschiedet sich aus dem Stück mit schönen Worten und purem Hohn – ein Teufel in Gärtnergestalt:

Ich habe sie [die Pflanzen] zerstört – mit meinem wüstem Griff. Ich wurde zu begierig. Da geriet ich in den Strudel. Man soll sie dämpfen – die schweifende Begierde. Fester wurzeln und nach den Pflanzen trachten. Ich riß sie aus – das wurde meine Schuld. Die muß ich sühnen. Peinlich und stumm wie ein Gestrafter in lohender Sonne stehen – die Pflanzen schützen, daß ihre Blüte nicht beschädigt werde – barfüßig Regenfluten dämmen, daß ihre Wurzeln nicht gelockert werden. Tag und Nacht bereit sein. Reicht ein Leben, um alles zu verrichten? Ich will beizeiten mit dem Werk beginnen!

Auch *Tankred Dorst* läßt in *Grindkopf* (1986), einem *Libretto für Schauspieler*, einen Gärtner Fäden des Unheils spinnen. Das Grimmsche Märchen *Der Eisenhans* wird zu einer Geschichte des klammernden Behütens königlicher Eltern und der schmerzhaften Ablösung des Sohnes umgedeutet. Der Junge muß hinaus und sich andere Lehrmeister suchen, als er sie daheim bequem zur Verfügung hatte. Seine zunächst gewissermaßen aus Versehen vergoldeten Haare verbirgt er als vorgeblicher »Grindkopf« unter einem Tuch, noch steht ihm das Gold, Symbol der Erwähltheit, nicht zu. Nur das Mädchen, das ihm bestimmt ist, erkennt seine wahre Natur auch in dem Habit des Gärtnerburschen, als der er, wie in *Eisenhans* und in allen Varianten dieses weitverbreiteten Märchentyps, zeitweilig in königlichen Diensten ist. Sein Lehrherr aber, derjenige, der ihn in die ›Gartenpflege‹ einführen soll – also in Geduld, Wartenkönnen, Sich-Einfühlen in die Natur –, der ist hier ein Scheusal, und das ist gegenüber dem Volksmärchen anders, neu und ›modern‹. In einem Monolog brüstet dieser Gärtner sich, wie er dafür sorgt, daß das Schloß mit allem Inventar vom Keller her mit Schimmel überzogen wird.

Ein Wännchen mit einer toten Katze ..., etwas verschüttete Milch, Brotreste, Kartoffelschalen, das war der Anfang. So habe ich begonnen. So habe ich den Schimmel angesetzt ... Die roten Salons im Parterre werden von den Herrschaften schon nicht mehr benutzt. Sie sind einen Stock höher gezogen. Warum? Darüber sprechen sie nicht ... Sie dachten, wenn man putzt, geht der Schimmelbelag weg. Im Gegenteil! Von der Feuchtigkeit wurde es schlimmer! ... Ich habe auch schon bemerkt, daß der Köchin Schimmel am Hals wächst, hinter den Ohren herauf.

Wie schön! Und die Augen des Königs, das sehe ich mit Freuden, werden allmählich weiß, ein heller grauer Flaum wird bald die Pupillen überziehen. Wie schön!

Der Strauß, den die Prinzessin sich vom Gärtnerburschen bringen läßt und der in allen Märchenvarianten die vermeintlich unstandesgemäße Liebesverbindung einfädelt, besteht aus Disteln, weil der Gärtner den Lehrling mit der Peitsche schlagen würde, wenn er sich zu den Blumenbeeten wagte. In der 20. Szene schließlich offenbart der Gärtner vollends seine teuflische Wider-Natur:

Die Prinzessinnen ...: – Du hast Schnecken auf den Salat gesetzt! Wir haben es genau gesehen!
– Hab ich das? sagt der Gärtner.
– Und gestern hast du Unkraut gesät! Überall wuchert Unkraut, weil du es heimlich säst!
– Ja! bald wuchert es über das ganze Schloß, man kann nichts machen, sagt der Gärtner höhnisch.
– Du mußt jäten! ruft die Prinzessin und ihre Schwestern.
– Du mußt jäten! Jäten!
– Die Blumen jätet er mit der Wurzel aus und dafür sät er Quecken und Brennesseln!

Gegen das prädestinierte Glück eines Märchenhelden kann auch ein solcher Widersacher nichts ausrichten. Der »Grindkopf« wird schließlich ein »Goldener«, daran hat Tankred Dorst nichts geändert, und er wird dann wohl als König auch den bösen Schimmelwuchs im Schlosse rückgängig gemacht haben.

In den lyrischen Gedichten der Moderne spenden der Garten und seine Ingredienzien, wie eh und je, Bilder von eingängiger Metaphorik für Seelenzustände aller Art, euphorisch wie melancholisch gefärbt. Der Gärtner und seine Arbeit allerdings, das ist eher ein Sujet für Prosa. Für den, der Gedichte schreibt, scheint die Gartenbank zu kontemplativem Sich-Einstimmen oder der Tisch im Hausinnern zur imaginierenden Rückschau auf die ewigen Symbole von Aufgehen, Blühen und Sterben der angemessene Platz zu sein und nicht das dynamische Zupakken. Gärtnerfleiß, Pflanzerstolz, Erdgeruch sind in der Lyrik ein seltenes Thema.

In *Bertolt Brechts* Gedicht *Vom Sprengen des Gartens*, geschrieben 1942 im kalifornischen Exil, findet die individuelle Sorge des ›guten Gärtners‹ für die ihm anvertraute Flora scheinbar weltflüchtig-idyllischen Ausdruck.

> O Sprengen des Gartens, das Grün zu ermutigen!
> Wässern der durstigen Bäume! Gib mehr als genug. Und
> Vergiß nicht das Strauchwerk, auch
> Das beerenlose nicht, das ermattete
> Geizige! Und übersieh mir nicht
> Zwischen den Bäumen das Unkraut, das auch
> Durst hat. Noch gieße nur
> Den frischen Rasen, oder den versengten nur:
> Auch den nackten Boden erfrische du.

Der fast pathetische Odenton, wenn auch immer wieder durch unerwartete Zeilensprünge gebrochen, steht in etwas irritierendem Gegensatz zur Alltäglichkeit der kleinen Dinge, um die es geht. Resignativer Rückzug vor dem Unsäglichen, vor der nicht mehr ›literaturmöglichen‹ Realität der Außenwelt, ins Privatissimum des eigenen Gärtchens? Hilflosigkeit? Beschäftigungstherapie? In einer Tagebuchnotiz aus derselben Zeit vermerkt Brecht – die Verknüpfung seiner Gartensorgfalt mit der politischen Wirklichkeit klingt nicht sehr überzeugend –:

Was ich gerne mache, ist das wässern des gartens, merkwürdig, wie das politische bewußtsein all diese alltäglichen verrichtungen beeinflußt, woher sonst kommt die sorge, eine stelle des rasens könnte übersehen werden, die kleine pflanze dort könnte nichts abbekommen oder weniger, der alte baum dort könnte vernachlässigt werden, weil er stark aussieht. Und unkraut oder nicht, wasser braucht, was grün ist, und man entdeckt so viel grünes in der erde, wenn man erst einmal zu gießen anfängt.

In einem Gedicht von *Zbigniew Herbert* aus den 60er Jahren, Titel: *In der Werkstatt*, wird noch einmal das Urbild aller Gärtner beschworen: Gott selbst als Schöpfer bei seinem Werk. Und der Künstler (»der Maler«) gestattet sich ein gewisses kritisches Kopfschütteln über die Resultate dieser kosmischen ›Gartenarbeit‹:

Mit leichten schritten
folgt er
von fleck zu fleck
von frucht zu frucht

der gute gärtner
er stützt mit dem stäbchen die blume
mit der freude den menschen
mit dem blau die sonne

danach
rückt er die brille zurecht
brüht den tee auf
brummt
streichelt den kater

der Herrgott als er die welt schuf
runzelte die stirn
rechnete rechnete rechnete
deshalb ist die welt vollendet
und es läßt sich in ihr nicht leben

dafür ist die welt des malers
gut
und mit vielen fehlern

das auge schlendert von fleck zu fleck
von frucht zu frucht
das auge brummt
das auge lächelt
das auge erinnert sich
das auge sagt es ginge an
wenn man nur eindringen könnte
in die mitte
dort wo dieser maler war
ohne flügel
mit den rutschenden Pantoffeln
ohne Vergil
mit der katze im sack
der gutmütigen phantasie
und der harmlosen hand
die die welt verbessert.

Gärten als verlorene und ersehnte Paradiese

... und alle versicherten,
sie könnten sich ein Paradies
nicht anders vorstellen
als diesen Garten.
Boccaccio, Decamerone

Die Wüste sei Allahs Garten, aus dem der gerechte Schöpfer alles Überflüssige entfernt habe, damit der Weise in Frieden leben könne – so sagt ein arabisches Sprichwort. Eine paradoxe Definition des göttlichen Gartens, auf Asketen und Eremiten zugeschnitten. Da fehlt es an allem, was Gärten zu wünschbaren Orten für Weltkinder macht. Und diese, nicht die Asketen, haben seit eh und je Gartenbilder geprägt.

Dabei verbindet sich mit dem Urtypus Garten durchaus die Vorstellung von Abgeschiedenheit und Weltflucht, so wie sie auch der Eremit sucht: eine Insel des Friedens, vom Weltlich-Allzuweltlichen ausgespart. Doch dachten sich Menschen aller Zeiten und Kulturen die Gärten vor allem als Abbild himmlischer Paradiese, auf die Erde heruntergespiegelt – als Oasen des Wohllebens, Fata Morgana zum Hindenken und Sich-Sehnen aus Fron, Mangel und Not. Wüsten und Wälder mochten einzelnen frommen Männern als Refugium zu Meditation und Askese dienen – als Stoff für Menschheitsträume taugten sie nicht.

Den Wüsten und Wäldern, dem Zuwenig oder Zuviel an Vegetation, mußten die umhegten Orte gedeihlichen Wachstums mühevoll abgerungen werden. Das war in den Trockengebieten des Vorderen Orients, wo die Idee des Gartens sich erstmals zu symbolischen Bildern verdichtete, primär ein Wasserproblem. Paradiesisch, das stand für wasserreich. Erst das Wasser setzt in der Erde die Wirkungskette von Vegetation und Fruchtbarkeit in Gang, es ist das belebende Elixier zur Aktivierung dessen, was wir heute das ›Ökosystem‹ nennen. Das Wasser war bei den Völkern der Bibel und des Korans, im Gegensatz zur Sonne, dem anderen Ur-Stimulans, rar, unzuverlässig und von daher kostbar. Intelligent eingefangenes, gefällig gefaßtes Was-

Centro da Fiorenza.

Dem Herrn Chr. Führer
von und zu Heymandorff auff Wolkersdorff garten allhie.

ser – als Voraussetzung für schattendes Blattwerk – bildete das
Grundelement der Gartengestaltung. Das zentrale Wasserreser-
voir und die davon gespeisten Kanäle dienten der Bewässerung
und hatten zugleich sowohl schmückende Funktion als auch

hohen Symbolwert. Mit reichlichem Wasser schenkt Gott das Leben selbst, als Pendant zu seinem Odem, mit dem er den Menschen beseelt, pulsiert es durch die Adern der Erde und aller Kreatur. Als eine unsichere Göttergabe erweist es sich jedoch in den Ländern, in deren Boden die Wurzeln auch unserer Kultur reichen, keineswegs selbstverständlich und durch ›Gut-Wetter‹-Beten und -Opfern immer neu heraufzubeschwören. In vielen Mythen und Märchen der Völker wird einer ausgeschickt, das heilbringende Wasser des Lebens aus einem Garten zu holen, und nur dem Erwählten wird es gespendet.

Natürlich dahinplätschernde Quellen und Bäche allerdings waren es nicht, die das kostbare Naß transportierten. Im ›paradiesischen‹ Mustergarten floß das Wasser nach streng geometrisch-symmetrischer Anlage. Bäume, Nutz- und Zierpflanzen wuchsen in rechtwinklig angelegten Kulturen. Das scheint allein dem Gebot der Zweckmäßigkeit zu dienen und ist doch von höchster Symbolkraft und entspricht der Idee eines geordneten Kosmos. Schon die Menschen der Steinzeit ritzten das gleichschenklige Kreuz im Kreis und im Quadrat und das aus Quadraten gefügte Netz als beschwörendes Ideogramm in die Felsen ihrer Kultstätten – Sinnbild für die vier Erd- und Himmelsgegenden und für das Weltgewebe aus Raum und Zeit. Auch die Anlage der Gärten folgte seit den Anfängen im alten Ägypten und im Zweistromland über die Peristylgärten Roms bis zu den Renaissance- und Barockgärten mit ihrer strengen Architektonik dem formalen Prinzip von Kreuz, Rechteck und Kreis: die verwirrend-bedrohliche Vielfalt der ungebändigten Natur erhoben und geklärt zu Form und Chiffre, zu kunstvoll reglementierten Wasserläufen und Beetgevierten, gegliederten und zurechtgestutzten Parterres und Bosketts. Im überschaubar Kleinen versicherte man sich der kosmischen Ordnung, der menschbezogenen Güte des Schöpfers im Großen.

Auch in der Gartengeschichte der Genesis ist von vier Strömen die Rede, vom Weltenbaum und von den Früchten, die lieblich anzusehen und gut zu essen sind. Den gläubigen, Allah wohlgefälligen Muslimen werden im Koran vier Gärten verheißen mit wasserreich fließenden Quellen, beschattet von dunklem Grün weit ausladender Palmen, mit Granatäpfeln und anderen Früchten, so nah, daß man, auf seiden- und goldgestickten Pfühlen und herrlichen Teppichen ruhend, nur die Hand nach ihnen auszustrecken braucht. Von Gartenarbeit, also dem Pflegeauftrag, mit dem Gott in der Genesis des Alten Testaments den Menschen seinen Garten anvertraut hat, ist nicht die Rede. Genuß für Leib und Seele in ewiger Muße, Nahrung in Fülle und in gleichmäßiger Verteilung werden da verheißen; ausgeblendet ist die Plackerei mit Dornen und Disteln, verdrängt sind die Unbilden des Wetters. Das war der Wunschtraum, der hinter den frühen Gartenbildern steht: Nur in einem wohlgestalteten, die Wildnis ausgrenzenden, alle Klimawidrigkeiten negierenden Draußen kann der Mensch, rundum gespeist und gesättigt, zu Glück und innerem Frieden kommen. So war es einmal, und es besteht Hoffnung, daß es wieder so sein wird. Paradiese sind Orte der Vergangenheit wie der Zukunft, Erinnerung an die Herkunft und Hoffnung auf Wiedergeburt in die ewige Gartenglückseligkeit. Und der Mensch darinnen wird dann verwandelt sein in ein Wesen, das solcher Gefilde würdig ist.

In diesem Spannungsfeld zwischen Himmel und Erde, zwischen Ursprung und Ziel befinden sich die fiktiven Gärten der Worte, der Verse und Buchseiten, durch deren Hecken, Zäune und Pforten wir einen Blick werfen wollen. Orte der Gegenwart sind sie nur bedingt. Hier und da sind dem Idealtypischen die Farbtupfer ganz bestimmter Gartenstile und -moden aufgesetzt. Doch im ganzen brandet jeglicher Wandel an den hohen Mauern literarischer Gärten ab, Romanhandlungen kommen in ihnen zum Stillstand, Gefühlsaufruhr aller Art sänftigt sich zu Eintracht des Menschen mit seinesgleichen und mit sich selbst. Nicht einmal die dem Garten als einem Stück Natur eigene Zeitlichkeit – also das zyklische Blühen, Fruchten und Vergehen – gesteht man ihnen zu, weil damit temporär Mangel, Öde, Tod verbunden wäre. Den ästhetischen Reiz, die suggestive Symbolik herbstlicher, gar winterlicher Gärten hat erst die moderne Poesie entdeckt. Immer sollen sie blühen und vor allem fruchten.

Das Immer-Blühen und Immer-Fruchten als mildere Form der Entrückung aus den Unzulänglichkeiten natürlich-kreatürlicher Abläufe ist zu einem Topos der Literatur geworden. Schlaraffenland-Fantasien also, auf deren unterster Stufe noch jene grotesken Landschaften der puren Völlerei angesiedelt sind; man zögert, sie Gärten zu nennen: die mit Zäunen gebratener Würste umgeben sind und in denen die gebratenen Tauben an den Bäumen hängen. Davon sind die Gefilde verfeinerter Gartenlust allerdings himmelweit entfernt, sie schließen die ganze Skala sublimierter menschlicher Paradiesträume ein, neben dem kulinarisch Wünschbaren auch Tanz und Spiel, Musik und Geselligkeit, zumal solche amouröser Natur. Und das alles in immerwährender, ewig gleicher Gegenwart.

Baumfrüchte in nie unterbrochener Ernte sind Metapher für Nahrungsfülle. Die kulinarische Verlockung gebratenen Fleisches wird den ›Erfindern‹ der ersten literarischen Gärten nicht unbekannt gewesen sein, doch es waren die vegetarischen Gaben der Gärten und Haine, mit denen Gott sich den Menschen vor allem als wohltätig erwies. Mit den Traumbildern leib-seelischer Sättigung durch köstliche Speise verband sich die sehnsuchtsvolle Rückschau auf ein Goldenes Zeitalter, wie etwa bei *Hesiod* in den *Werken und Tagen*. Da lebten die Menschen am Rande der Erde,

> Und dort wohnen sie nun mit kummerentlasteten Herzen
> Auf den seligen Inseln und bei des Okeanos Strudeln
> Hochbeglückte Heroen, denn süße Früchte wie Honig
> Reift ihnen dreimal im Jahr die nahrungspendende Erde.

Auch in den *Metamorphosen* des *Ovid* tummeln die Menschen des Goldenen Zeitalters sich in einem die ganze Erde umgreifenden Garten:

> Ewiger Frühling war, mit lauen Lüften umspielte
> sanfter West die Blumen, die keinem Samen entblühten.
> Ungepflügt trug bald auch des Bodens Früchte die Erde
> Ohne Brachen gilbte das Feld von hängenden Ähren.
> Bald von Milch und bald von Nektar gingen die Flüsse,
> gelber Honig tropfte aus grünender Eiche hernieder.

Die prophetischen Visionen der Bibel verheißen den Kindern Gottes die goldenen Gärten ewiger Fülle in der Zukunft, so im Alten Testament: Da strömt ein mächtiger Fluß aus dem Tempel, und es wachsen alle Arten von Obstbäumen: »Jeden Monat tragen sie frische Früchte; denn das Wasser des Flusses kommt aus dem Heiligtum. Die Früchte werden als Speise, und die Blätter als Heilmittel dienen.«

Und im Neuen Testament, in der *Johannes-Apokalypse*, bei der Beschreibung der goldenen Stadt, heißt es:

Und er zeigte mir einen Strom des lebendigen Wassers, klar wie Kristall, der ausgeht von dem Thron Gottes und des Lammes. Auf beiden Seiten des Stromes mitten auf der Gasse ein Baum des Lebens, der trägt zwölfmal Früchte und bringt seine Früchte alle Monate, und die Blätter des Baumes dienen zur Heilung der Völker.

Diesem Archetypus werden wir über die Jahrtausende immer wieder begegnen: paradiesische Gärten mit ewig fruchtendem Baumbestand, herausgenommen aus dem Vegetationszyklus mit seinen Wellentälern von Mißernten und Dürrekatastrophen.

In den Gärten der Literatur erscheinen Bäume und Früchte auf noch bildhaft-einprägsamere Weise der Sphäre des natürlichen »Stirb und Werde«, der Endlichkeit entrückt. Sie sind aus Edelmetall und Edelstein, sie verkörpern damit kostbare Unvergänglichkeit und gleichzeitig die magischen Kräfte, die den jeweiligen Metallen und Steinen aus esoterischem Urwissen her zugeschrieben werden.

Auf einem der ältesten schriftlich fixierten Gartenbilder, in Keilschrift-Tontafeln geritzt, sind Blätter und Früchte auf diese Weise den Gesetzen der Botanik entzogen, sie sind unverwüstlich, aus Diamant. Im sumerisch-babylonischen *Gilgamesch-Epos* gelangt der Titelheld auf seiner initiatorischen Jenseitsreise durch die Finsternis eines nicht endenwollenden Berginnern schließlich zu einem Edelsteingarten:

> Er strebt, die Edelsteinbäume zu sehen:
> Der Karneol, er trägt Frucht,
> Eine Traube hängt dran, zum Anschauen geputzt.
> Der Lasurstein trägt Laubwerk,
> Auch trägt er Frucht, lustig anzusehn.

Die Beschreibung des Wundergartens war ursprünglich damit nicht zu Ende; auch was Gilgamesch darin widerfahren ist, wäre interessant zu wissen. Die Fragmente der Tontafeln erschließen an dieser Stelle leider keinen zusammenhängenden Text. Früchte und Bäume aus Edelsteinen – das bedeutete in diesem ganz und gar in ein magisches Weltbild eingebetteten Epos vom Weg eines mythischen Königs in Sumer gewiß keine dekorative Spielerei. Vegetabiles wurde durch die Verwandlung in kostbare Mineralien oder Edelmetalle dem Kreislauf des Werdens und Vergehens entzogen, es wurde damit zu etwas Idealstofflichem, Überzeitlichem sublimiert, zum Symbol für Schönheit und Fruchtbarkeit in Ewigkeitsräumen. Mit den Ingredienzien des Weltengartens, ins Kostbar-Unvergängliche transponiert, schmückten auch die orientalischen Herrscher, also die persischen Großkönige und Kalifen von Bagdad sowie die Kaiser von Konstantinopel, ihren Thron. Vorbild war der legendäre Thron Salomonis, den vier goldene Palmen mit rubinenen und smaragdenen Wedeln umgeben haben sollen, und darüber rankend der goldene Weinstock mit Früchten aus Edelstein und diamantenen Vögeln, die über eine kunstvolle Mechanik zum Singen gebracht wurden. Mit solchen ›wunder-vollen‹ Statussymbolen demonstrierte der Herrscher seine sphärenübergreifende Macht.

Das Motiv der diamantenen, der silbernen oder goldenen Früchte, Bäume, Blätter ist im Strom der mündlichen Erzähltradition lebendig geblieben und hat dann in den Märchen des Orients und Europas zu schriftlicher Form gefunden. In den *Erzählungen der 1001 Nächte* ist es der berühmte Aladin, der in einer unterirdischen Höhle nicht nur die Wunderlampe findet, sondern auch Edelsteinfrüchte von unermeßlichem Wert. Zunächst wären ihm, kurz vor dem Hungertod, eßbare lieber gewesen. »Da sah er denn, daß die Bäume statt richtiger Früchte große Edelsteine trugen, kostbare Smaragde, Diamanten, Hyazinthen, auch Perlen und andere Juwelen, bei deren Anblick die Sinne verwirrt wurden.«

In dem Grimmschen Märchen *Die zertanzten Schuhe* gibt es in der Unterwelt, in die es die Prinzessinnen jede Nacht zu Tanz und Spiel mit den schönen Prinzen zieht, »einen wunderbaren prächtigen Baumgang; da waren alle Blätter von Silber und schimmerten und glänzten«. In einem weiteren Baumgang sind dann alle Blätter von Gold und in einem dritten von klarem Demant. Und überall bricht der Soldat, der den Mädchen heimlich folgt, je ein Zweiglein ab, das dann beim König als Beweis für seine erfolgreichen Detektivdienste gilt.

Goldene Zweige, silberne Blätter deuten im Volksmärchen immer auf einen Ort der Zauberwelt. Sie gehören, auch wenn erst im 19. Jahrhundert schriftlich fixiert, zum Motivbestand, der weit in die nicht genauer datierbare Vergangenheit reicht. Das Symbol des goldenen Apfels mit seinen vielfältigen magischen Funktionen, wie er in vielen Mythen und Märchen insbesondere im Zusammenhang mit der Partnerwahl eine Rolle spielt, weist ebenfalls zurück in eine Zeit, da die goldene Kugelform bedeutsame Metapher für Ganzheit und Vollendung war.

Wir kehren nach diesem Exkurs in die ›magische Botanik‹ zurück zu den ebenfalls wunderbaren, doch weniger spektakulären immerfruchtenden Gartenbäumen. Selbst paradiesische, utopische Gärten waren zunächst und vor allem Nutzgärten, und da gehörten Obstbäume zum unverzichtbaren Grundbestand.

Auch der berühmte Garten des Alkinoos im 7. Gesang von *Homers Odyssee* ist in erster Linie ein Nutzgarten, doch gerade durch das ewige Fruchten bekommt er etwas Idealisch-Entrücktes, wie überhaupt »das glückliche Land der götternahen Phäaken« – so nennt es Homer.

Odysseus, wieder einmal mit knapper Müh' und Not dem Zorn des Poseidon entkommen, schiffbrüchig, nackt und allein, wird an die Gestade der Insel Scheria in die Obhut der Fürstentochter Nausikaa und ihrer Gefährtinnen gespült. Er staunt über die Burg, »des edelgesinnten Alkinoos prächtige Wohnung«; vor allem aber ist es der Garten, der seine Bewunderung erregt.

Jenseits des Hofes
Nahe dem Tor, vier Morgen groß, begann dann der Garten.
Allseits war er umgeben von festem Gehege. Da wuchsen
Hohe Bäume und blühten und strotzten von glänzenden
    Früchten.
Birnen, Granaten und Äpfel tragen die Bäume, es gibt auch
Feigen von hoher Süße, Oliven wachsen und blühn.
Niemals geht eine Frucht hier verloren und nie gibt es Mangel
Winter wie Sommer, im ganzen Jahr nicht; der täglich und
    stündlich
Wehende Westwind läßt ja die Früchte wachsen, dort reifen.
Überreif wird Birne um Birne, Apfel an Apfel.
Traube hängt neben Traube und Feige drängt sich an Feige.
Dort aber wurzelt sein fruchtüberladenes Rebengelände.
Ein Stück dient als ebener Boden zum Trocknen der Trauben;
Wärmend trifft es die Sonne; die anderen werden geerntet,
Wieder andre gekeltert. Die Herlinge vorn an der Spitze
Stoßen die Blüten erst ab, wenn andre zu dunkeln beginnen.
Weiter dann neben der letzten Reihe wachsen gepflegte
Beete mit allen Gemüsen und prangen, als wär es für Jahre.
Quellen finden sich dort: die eine verteilt sich im Garten,
Anders gerichtet zum hohen Palast hin flutet die zweite
Dicht bis zur Schwelle des Hofes. Dort schöpfen die Bürger
    ihr Wasser.
Also strahlte von Göttergeschenken Alkinoos' Wohnung.

Auch *Sappho* aus Lesbos besingt (rund 200 Jahre später) in einem Gedicht, das erst 1936 auf einer Tonscherbe entdeckt wurde, einen Garten:

Komm hierher, zum heiligen Tempel Kretas,
wo von Apfelbäumen ein schöner Hain sich
rings erstreckt, darinnen Altäre stehen,
schwelend von Weihrauch.

Kühlendes Wasser rauscht an den Apfelzweigen
leis vorbei, im Schatten der Rosensträucher
liegt der Hang, von wiegenden Blättern senkt sich
Schlummer hernieder.
Eine Wiese liegt da, den Pferden Weide,
prangt sie bunt im Schmuck der Frühlingsblumen,
süßen Duft verströmt das Aniskraut.

Die Apfelbäume lassen jedoch keineswegs auf einen Nutzgarten schließen. Aphrodite wird angerufen, die Schaumgeborene
aus Kypris, ihr war der Hain, waren die Altäre geweiht, und
ihr war der Apfel heilig.

Wahrhaft paradiesisch geht es in den Gärten des *Lukian* von
Samosata zu, es fehlt darin nichts, was Leib und Seele köstlich
nährt. Nur daß nicht die Lebenden, sondern die Toten in ihnen
zu ewiger Erquickung lustwandeln. Radamanthus, nach griechischem Glauben der Herr des Totenreiches, ist hier Regent.
In seinen *Wahren Geschichten* (um 160 n. Chr.), denen der Autor
als einzigen ›Wahrheits‹-Gehalt zugesteht, daß er sie selbst für
erfunden erklärt, phantasiert und parodiert Lukian den Abenteuergeschichten nach, die zu seiner Zeit literarisch in Mode
gekommen waren.

Der Ich-Erzähler und seine Gefährten, rechte Nachfahren des
Odysseus, geraten in die phantastischsten Abenteuer an den
exotischsten Orten, die bei den seefahrenden Griechen gern als
Inseln gedacht wurden. Lukians unerschöpfliche Fabulierkunst
macht auch vor dem Ort der Toten nicht halt und bricht radikal
mit allen düsteren Hades-Visionen. Die edelsten Baumaterialien und kostbarsten Ingredienzen schaffen den schweifenden
halbmaterialisierten Seelen ein Ambiente von sublim schlaraffenländischem Zuschnitt: Mauern von Gold und Smaragd,
Straßenpflaster aus Elfenbein, eine allgemeine ›Wasser‹-Leitung
von Rosenöl – und zum Baden statt gemeinen Wassers warmen
Tau. Von dem ergötzlichen Draußen heißt es:

Das Land ist daher immer grün und mit allen Arten von Blumen sowohl als von zahmen und schattichten Bäumen besetzt. Ihre Weinreben tragen zwölfmal des Jahres; ja die Pfirsich- und Apfelbäume und
alle Obstbäume überhaupt sollen sogar dreizehnmal, nämlich in dem
Monat, den sie nach dem Minos benennen, zweimal, Früchte bringen.
Anstatt des Weizens treiben ihre Ähren kleine Brötchen wie Schwämme aus ihren Spitzen hervor. Ringsum die Stadt sind dreihundertundfünfundsechzig Quellen mit Wasser, ebenso viele mit Honig, fünf-

zig etwas kleinere mit wohlriechenden Essenzen und Ölen und überdies sieben Flüsse mit Milch und achte mit Wein.

Der Ort, wo sie (die Seligen) speisen, liegt außerhalb der Stadt in
dem sogenannten elysischen Gefilde; es ist eine wunderschöne Wiese, ringsum mit einem dichten Wald von allerlei hohen Bäumen umgeben, die ihren Schatten auf die zu Tische Liegenden werfen.

Longus aus Lesbos hat im 2./3. Jahrhundert n. Chr. in seiner
Hirtengeschichte *Daphnis und Chloe* das Ideal des idyllischen
Landlebens geschildert. In etlichen Gartenszenen kommt die
turbulente Handlung von früher Kinderliebe, Knabenraub und
Mädchenentführung, Piratenüberfällen, von Verwirrung und
Verwechslung immer wieder bei Landarbeit und Ziegenpflege,
unter Obstbäumen und Weinlauben zur Ruhe. Ausführlich be-
schrieben wird der Garten des Gutsherrn:

Er war auch wirklich ein herrlicher Besitz und nach der Art der königlichen Gärten angelegt. Der Länge nach maß er eine Achtelmeile,
die Breite betrug viertausend Fuß. Er war hoch gelegen und glich einer luftigen Au. Bäume waren da von jeder Art: Äpfel, Myrten, Birnen, Granaten, Feigen und Oliven. An einigen Stellen sah man auch
die hochwachsende Rebe, die mit ihren reifenden Trauben die Äpfel-
und Birnenbäume umrankte, als streite sie mit ihnen um den Preis
der Frucht. Das waren die edlen Gewächse. Doch gab es auch Zypressen, Lorbeer, Platanen und Pinien. Um die alle schlang sich statt der
Rebe der Efeu, und seine großen, schwärzlichen Dolden eiferten der
Weintraube nach. Die fruchttragenden Bäume standen innen, gleichsam geschützt, die unfruchtbaren zogen sich außen herum wie eine
von Menschenhand hergestellte Einfriedung, und das Ganze wurde
von einer schmalen Mauer umschlossen. Überall war hübsch geson-
dert und eingeteilt worden, und jeder Stamm hatte den gehörigen
Abstand vom Nachbarstamm. Die Kronen wuchsen allerdings ineinander, und ihre Zweige verschwisterten sich, doch auch das schien
Absicht, obschon die Natur es bewirkte. Von den Blumen brachte viele die Erde allein hervor, andere hatte die Kunst des Menschen in Beeten gezogen. Rosen, Hyazinthen und Lilien waren ein Ergebnis von
Fleiß; Veilchen, Narzissen und Gauchheil schenkte der Boden. Voller
Schatten war der Garten im Sommer, voller Blumen- und Blütenduft
im Frühling, Früchte trug er im Herbst, und in jeder Jahreszeit war er
eine Pracht.

Schön war die Aussicht auf das Flachland, wo man die Viehwei-
den erblickte, schön die auf das Meer, auf dem man Schiffe fahren
sah, und dieser Ausblick trug zur Herrlichkeit des Ganzen bei. Wo
der Länge und Breite nach die Mitte war, standen Tempel und Altar
des Dionysos. Efeu rankte sich um den Altar, Wein schoß am Tempel
in die Höhe.

Es stellt sich schließlich heraus, daß der Gutsherr Daphnis' Vater ist, auch Chloe ist kein echtes Hirtenkind, so steht einer standesgemäßen Heirat nichts im Wege. Und wie im Garten ein Heiligtum des Dionysos nicht fehlt, so steht auch die Hochzeit der Liebenden, die ein ländliches Fest wünschen, weil ihnen »der Stadtaufenthalt nicht zusagte«, unter dem sichtbaren Segen der Götter: In der Grotte des Nymphenheiligtums wird ihnen aus frischem Grün das Brautlager gerichtet.

Und nicht nur an diesem einen Tage, sondern solange sie lebten, hielten sie es mit den Hirten, verehrten deren Götter, die Nymphen, Pan und Eros, schafften sich große Herden von Schafen und Ziegen an und erklärten Früchte und Milch für die angenehmste Kost.

Der Hirtenroman *Daphnis und Chloe* hat in seiner poetischen Verklärung des Landlebens und des Hirtenstandes weit über die Antike hinaus gewirkt bis in die Schäferpoesie der Neuzeit; auch Goethe hat ihn hochgeschätzt.

In der Nachfolge des Longus, im byzantinischen Roman und bis in die mittelalterliche Artusepik, wurde der Garten zumeist zum Ort der Sinnenfreuden, mit dem Akzent auf den Begegnungen erotischer Natur. In den Jahrhunderten der römischen Antike und des frühen Christentums gibt uns die Literatur von paradiesisch-fiktiven Gärten nur spärliche Kunde. Beim ›Klassiker‹ Vergil allerdings fehlen sie nicht, er ist uns in anderem Zusammenhang als sachkundiger Gartenpraktiker begegnet.

Neben den erdachten Gärten aus der Sphäre Edens wurden in der Spätantike nun auch Gärten literaturwürdig, die real und konkret auf Erden existiert haben; jedenfalls haben Menschen ihnen einen Namen gegeben und sie damit aus dem Utopischen hineingeholt in Zeit und Raum. Es ist ein schwieriges Unterfangen, die berühmten Palastumgebungen aus der Frühzeit der Gartengeschichte auf Erden topographisch festzulegen. Ein wenig unterstützt die Gartenarchäologie, etwas mehr helfen literarische Zeugnisse, ihre Schemen mit Bildern einer konkreten Anlage und einer Bepflanzung mit lebendigem Grün aufzufüllen.

Einer der frühesten benannten Gärten wurde sogar zu den sieben Weltwundern gerechnet: die Hängenden Gärten der Semiramis. Um sie legte sich schon im Altertum ein Gerank von legendenhaften Geschichten. Semiramis war eine historisch faßbare Gestalt, und auch jene Gärten müssen existiert und ihre Besucher in Staunen versetzt haben. Schon der griechische Geschichtsschreiber *Diodor* aus Sizilien klärt die fälschliche Besitz-Zuweisung jenes Gartens auf, die jedoch unausrottbar blieb, und der Name der Semiramis, der sonst wohl längst im Dunkel der Zeiten hinweggetaucht wäre, verband sich für immer mit den wunderbaren Gärten.

Diodor äußert sich im 1. Jahrhundert v. Chr. über jene hängenden Gärten, die etwa 700 bis 800 Jahre vor seiner Zeit angelegt wurden und die er nur aus schriftlichen Quellen, also aus zweiter Hand kannte:

Da gab es auch die sogenannten Hängenden Gärten neben dem Schloß, nicht das Werk der Semiramis, sondern eines der späteren Könige von Syrien, das dieser einer seiner Nebenfrauen zuliebe anlegte. Diese soll Perserin gewesen sein und voller Sehnsucht nach ihren heimatlichen Bergwiesen den König gebeten haben, mit Hilfe der Gartenbaukunst die Eigentümlichkeiten persischer Landschaft nachzuahmen. Jede Seite dieses Parks war etwa 4 Plethren* lang; er zog sich über die Höhe von mehreren Stockwerken langsam wie ein Berghang hinan, so daß das Ganze dem ansteigenden Zuschauerraum in einem Theater glich. Unterhalb dieser ansteigenden Fläche befanden sich Galerien, die die ganze Last der Gartenanlagen zu tragen hatten, jede entsprechend der Neigung des Anstieg etwas höher als die vorhergehende. Die letzte von ihnen war 50 Fuß hoch und trug den obersten Teil des Parks, etwa in gleicher Höhe mit der Brustwehr der Stadtmauer. Die Stützmauern, die man unter hohen Kosten errichtet hatte, waren 22 Fuß dick, ihre Zwischenräume aber nur 10 Fuß breit, die Decke bestand aus steinernen Quadern, mit den Fugen zusammen 16 Fuß lang, 4 breit. Sie trugen zuunterst eine Schicht aus Schilfrohr mit viel Erdpech, darüber eine doppelte aus gebrannten Ziegeln, mit Gips zusammengefügt; eine dritte Schicht bildeten Bleiplatten, damit nicht die Feuchtigkeit von der daraufgeworfenen Erde in die Tiefe hinunterdringe. Obendrauf aber lag eine Schicht Humusboden, tief genug, auch die Wurzeln höchster Bäume in sich aufzunehmen. Der Boden selbst war geebnet und mit vielerlei Bäumen bepflanzt, wie sie in ihrer Höhe und sonstigen Schönheit den Betrachter erfreuen mußten.

* 1 Plethron = ca. 30 m

Weiter geht Diodor auf die kunstvolle Bewässerung des Parkes ein. Eine aufwendige Anlage fürwahr, und mit Recht hielt er vor allem die Bewältigung der technischen Probleme für seiner Mit- und Nachwelt berichtenswert. Da die Perser erklärte und praktizierende Baum-Liebhaber waren, sind bei dieser Nachbildung einer persischen Gartenlandschaft vor allem die Bäume ins Auge gefallen. Hängende Gärten, darunter hat man sich also erdbedeckte Terrassen auf gemauerten Gewölben am Berghang vorzustellen. Solche Anlagen scheinen zwischen Euphrat und Tigris nichts Ungewöhnliches gewesen zu sein, und so war wohl hier das Ausmaß der Terrassenanlage oder die prächtige Bepflanzung und nicht die Tatsache der »hängenden« Beete Kriterium für die Aufnahme in den Katalog der Weltwunder.

Der pragmatische Sinn der Römer war auf die konkreten Gärten des Hier und Jetzt gerichtet, in denen allenfalls die Gunst des mediterranen Klimas, nicht aber wunderbare Zeitenthobenheit für Fülle des Vegetabilen sorgte. Und so ist es wohl kein Zufall, daß die erste ausführliche Beschreibung eines konkreten Gartens, die der Nachwelt überliefert ist, von einem Römer stammt, von *Plinius dem Jüngeren* aus dem 1. Jahrhundert n.Chr. Er schildert in einem Brief an einen Freund seine eigenen beiden Villen in ländlicher Umgebung. Besonders die Angaben zu dem *Tuscum* genannten Anwesen an den Hängen des Appenin sind lebendig und detailfreudig, so daß danach später immer wieder – wenn auch nicht in allen Einzelheiten übereinstimmende – Pläne angefertigt worden sind.

Plinius lobt die weite Entfernung vom Meer und seinem ungesunden Klima (!) und beschreibt ausführlich die umgebende bukolische Landschaft in den Weinbergen und am Tiber. Das Haus ist nach Süden ausgerichtet und läßt die Sonne in den breiten, langen Säulengang hinein, um den die Räume und ein Atriumhof angeordnet sind, »wie es bei den Alten üblich war«. Von einem Promenadenweg ist die Rede und von einem Rasenteppich, »in den der Buchsbaum paarweise einander gegenüberstehende Tiergestalten eingezeichnet hatte«, von einer Akanthuspflanzung, Lorbeer und Rosenbeeten. Platanen, mit Efeu umpflanzt, berankt und so miteinander verbunden umgeben einen weiten Spielplatz. Und immer wieder Buchs, auf mannigfaltige Weise beschnitten und dekorativ geformt. Ein sich durch das Gelände schlängelnder Weg

... wird wieder schnurgerade, ist aber kein einfacher Pfad, denn er teilt sich hier in mehrere Steige, die durch dazwischen stehenden Buchsbaum voneinander getrennt sind. Hier und da tritt eine kleine Rasenfläche dazwischen, dann wieder Buchsbaum allein, zu tausenderlei Gestalten verschnitten, manchmal zu Buchstaben, die bald den Namen des Herrn, bald den des Gartenkünstlers nennen; abwechselnd erheben sich kleine Pyramiden und fügen sich Obstbäume ein ... Der Mittelraum ist auf beiden Seiten mit niedrig gehaltenen Platanen geziert. Dahinter hier und da glatter, geschmeidiger Akanthus, dann wieder Figuren und Namen.

Plinius ist stolz auf diese für modernen Geschmack etwas manierierte Künstlichkeit der Anlage und insbesondere auf ein ziemlich ausgeklügeltes System der Wassertechnik, mit dem er seine Gäste bei den unter Römern üblichen Speise-›Gelagen‹ in Erstaunen versetzt haben wird. Die hierfür vorgesehene Liegestatt wird von einer Rebe beschattet.

Unter der Rundbank heraus, als würde es durch das Gewicht der darauf Liegenden herausgedrückt, fließt Wasser in Röhren; es fällt in eine Steinmulde, sammelt sich in einer zierlichen Marmorschale und wird auf geheimnisvolle Weise so reguliert, daß es die Schale füllt, aber nicht überläuft. Vorgericht und schwerere Schüsseln werden auf den Rand gestellt, leichtere schwimmen auf Schiffchen und künstlichen Vögeln umher. Gegenüber speit ein Springbrunnen Wasser und fängt es wieder auf, denn in die Höhe gestoßen, fällt der Strahl wieder in sich zusammen und wird durch nebeneinander liegende Öffnungen aufgesogen und emporgeschleudert.

Wir wenden uns von diesem geographisch fixierbaren Ort nun wieder poetisch-metaphorischen Vegetationsbildern zu. Aus der spätlateinischen Poesie ist ein besonders hübsches und ausführliches Gartengedicht tradiert, das alle bereits bekannten unverzichtbaren Motive des *locus amoenus*, des Lustortes, gewissermaßen als Parzelle antiker Ideallandschaft aufnimmt und sicher mitgeholfen hat, diesen mit seinen ehrwürdigen Elementen in das europäische Mittelalter hinüberzuretten. Es stammt von dem spätrömischen Dichter *Tiberianus*.

Zwischen grasigen Gefilden floß ein Strom durch kühles Tal,
Ließ die Kieselsteine funkeln, war von Blütenflor umsäumt.
Oben schwarze Lorbeersträucher und der Myrten grün Gehölz
Ward bewegt vom sanften Lufthauch, der mit Schmeicheln sie
      umweht.
Unten aber war des Rasens Pfühl zu schönem Flor erblüht,
Krokus rötete den Boden, Lilie schuf ihn leuchtend weiß;
Doch den ganzen Hain erfüllte eines Veilchenteppichs Duft.
Zwischen diesen Frühlingsgaben und der Knospen holder Zier
Stand die Königin der Düfte, aller Farben Morgenstern:
Wie der Liebesgöttin Flamme ragt der Rose goldne Pracht,
Über feuchtem Rasen wölbte sich der Hain, von Tau benetzt.
Viele Bächlein sprudeln murmelnd hier und dort aus reichem Quell,
Strömen, gleiten, fluten, perlen in der Tropfen Lichterspiel.
Moose kleiden aus die Grotten, grüner Efeu rankt sich hin,

Aller Vögel süße Lieder tönten durch den Schatten dort:
Mit des Stromes Murmelrede klang es aus dem Laub in eins,
Denn des Zephyrs Muse hatte Melodienstrom erregt.
Wer durchwandelt jenen grünen Lustbezirk von Duft und Klang,
Den hat Vogel, Hain und Windhauch, Schatten, Strom und Blum
    erfreut.

Das Erbe der Antike wirkte fort als unterirdischer Strom, der
zaghaft hier und da eine Quelle nach oben schickte. Der Mensch
und sein Seelenheil stand nun im Mittelpunkt der Kunst, es
dauerte mehr als ein Jahrtausend, bis auch die Natur als ›Mantel Gottes‹, als ›der Gottheit lebendiges Kleid‹ begriffen und
verherrlicht wurde. Bis dahin war Natur Wald und Wildnis und
eher der Bereich gottferner dämonischer Kräfte. Als schöne, die
Seele erhebende Landschaft wurde sie erst später entdeckt.
Mikrokosmische Gegenwelten zum ungebändigten, unbehausten Draußen aber stellten die umhegten, eingefriedeten Gärten dar, Inbild für die göttliche Ordnung des Weltgefüges und
a priori von hoher Symbolkraft, die nun ganz in den Dienst des
christlichen Heilsgeschehens gestellt wurde.

Das ganze Mittelalter hindurch umgaben Mönche, kompetent in Fragen des himmlischen Paradieses, ihre kargen Klosterzellen mit irdischen Paradiesen: Gärten, die der Subsistenzwirtschaft der Brüdergemeinde dienten und gleichzeitig vorbildlich-nutzbringend in die Gärtchen und Felder des Laienvolkes hineinwirken sollten. Gärten der Meditation und der
Symbolik auch mit ihrem dem Kreuz zugeordneten Grundriß
und dem Brunnen im Zentrum: jener tief im Geistigen verankerte Bauplan, wie wir ihn von den Ur-Anfängen her kennen
und wie er jetzt mit christlichem Sinngehalt unterlegt wird.
Dabei wurde das Gärtnern der Mönche von der hohen Geistlichkeit – je nach der Strenge des Ordens und seiner Gewichtung der beiden Elemente »ora et labora!« – oft nur mit einigem
Mißtrauen geduldet als der Askese nicht förderlich und dem
Irdischen allzu verhaftet. *Herrad von Landsperg*, im 12. Jahrhundert Äbtissin im Elsaß, gibt in ihrem *Hortus deliciarium* (*Lustgarten*) ein Exempel des Strauchelns wegen allzu weltzugewandter Gartenlust: Ein Eremit sei auf der Tugendleiter bis zur
obersten Sprosse gelangt – da schaute er rückwärts, sah unten
sein blühendes Gärtchen, wurde von Sehnsucht erfaßt und
stürzte kopfüber hinab in die Beete, weil er das himmlische
Paradies einen Augenblick aus den Augen verloren hatte.

Auch bei der Auslegung der Heiligen Schrift stellen Geistliche ihre botanischen und gartentechnischen Detailkenntnisse unter Beweis. In der sogenannten *Wiener Genesis* aus dem 11. Jahrhundert, einer Ausmalung der biblischen Genesis in frühmittelhochdeutscher Sprache, wird nicht nur beredt geschildert, wie Gottvater den ersten Menschen Glied für Glied zusammenbastelt, sondern auch, wie er kundig und mit einer Vorliebe für Aromapflanzen den Paradiesgarten anlegt:

Dann pflanzte Gott einen Baumgarten,/ der war ganz wunderbar/ und er nannte ihn Paradies./ Darein setzte er Adam/ und hieß ihn drin arbeiten./ Es gab Obst aller Art in Fülle,/ das wuchs dort / in jedem Monat./ Die Früchte wechseln einander ab,/ kein Reif läßt sie erfrieren,/ kein Wind weht sie herunter,/ keine Hitze trocknet sie aus,/ kein Schnee schadet ihnen,/ weder den Lilien noch den Rosen ...

Dieser Garten liegt im Osten der Welt,/ das tiefe Weltenmeer umgibt ihn,/ hohe Berge sind davor./ Der Garten liegt so hoch,/ daß der Mond bei ihm vorbeiwandert.

Es werden dann 25 verschiedene Pflanzen genannt, die dort wachsen, von den einheimischen Minze, Kresse, Lattich, Päonie, Ringelblume, Krokus über Fenchel, Raute, Balsamine, Lavendel (also Aromapflanzen!) zu den Exoten wie Zimt, Pfeffer, Feigenbaum. Es folgt eine Beschreibung der beiden Bäume in der Mitte des Gartens und der verhängnisvollen Wirkung ihrer Früchte auf den Menschen bei Übertretung des Pflückverbots.

Im Hochmittelalter, im 13. bis 15. Jahrhundert, wurde der Garten mit allen seinen Elementen vor allem in die Symbolik um Maria einbezogen. Im umschlossenen Garten, dem *hortus conclusus*, war die Gottesmutter zu Hause, alle seine Requisiten standen im Zeichen der Marienverehrung. Die Madonna auf den Bildern der Paradiesgärtlein und Jenseitswiesen des Mittelalters sitzt, allein oder mit dem Jesuskind, zuweilen auch mit dem Einhorn, zwischen Bäumen und Blumen an dem Brunnen, der das Wasser des Lebens enthält. Noch der Apfel, den sie dem Kinde reicht, weist über sich hinaus in die Überhöhung sinnbildlicher Bezüge. Mit solch bezauberndem ästhetischen Reiz kann die Literatur in ihren Traktaten und »Marienlob«-Gedichten und -Gebeten nicht aufwarten, in denen die Gottesmutter als Gartenherrin hymnisch besungen wird. Das Wort bleibt dürr und allzu sehr mit Allegorie überfrachtet. In einer Predigt des Pariser Theologen *Alanus de Insulis* heißt es:

In dieser Stadt ist ein beschlossener Gart, ein versiegelter Gart, ein bewässerter Gart, ein Garten mit Bäumen bepflanzt, mit Kräutern schön geziert, mit Blumen geschmückt, das ist der Geist der Jungfrau, in welcher wie in dem himmlischen Garten die edlen Sitten ähnlich den Bäumen die Früchte der guten Werke tragen, die guten Gedanken nach dem Beispiel der Kräuter die Kraft innerlicher Demut aussenden, die Tugenden nach dem Vorbild der Blumen den Duft guten Rufes hervorbringen. In diesem Garten grünt die Myrte der Mäßigung, die Rose der Geduld, die Lilie der Keuschheit, das Veilchen ewiger Kontemplation.

Von *Albertus Magnus*, dem großen Gelehrten des 13. Jahrhunderts, Abt von Regensburg, Lehrer in Paris, wird eine Legende überliefert, die ihn mit Zauberkräften über die Pflanzen und ihre Zyklen begabt: An Epiphanias des Jahres 1249 habe Albertus dem durchreisenden Kaiser in seinem Kloster in Köln ein Fest gegeben. Der Winter war eisig und schneereich, trotzdem wurde die Tafel im Garten gedeckt. Und plötzlich schmolz der Schnee, Gras keimte aus dem Boden, Pflanzen blühten auf, Weinstöcke und Bäume belaubten sich und brachten Früchte, welche die Gäste noch zu dieser Mahlzeit genießen konnten.

Es wurde viel gemutmaßt über diese märchenhafte Geschichte: Hatte der *doctor universalis* eine magische Verbindung zum Reich der Natur? Experimentierte er bereits mit Überwinterungspraktiken für seine Pflanzen, gab es eine warme Quelle im Klostergarten, und der Nachwelt wurde etwas aufgebauschte und ins Wunderbare überhöhte Kunde davon übermittelt? Weniger spektakulär sind die Schriften aus des großen Albertus' eigener Feder über Pflanzen und Gartenbau, wovon er offenbar, bei all seiner den letzten und höchsten Dingen zugewandten Gelehrsamkeit, eine Menge verstand. Doch auch die pure Gartenlust war ihm nicht unbekannt:

Der Rasen soll Ausmaße erhalten, dergestalt, daß dahinter in quadratischem Ausschnitt aromatische Kräuter aller Arten, wie Salbei, Raute und Basilikum gepflanzt werden können, ebenfalls alle Arten von Blumen, wie Veilchen, Akelei, Lilie, Rose, Schwertlilie und anderes. Ein erhöhter Rain von Rasen sollte sich zwischen den Kräuterrabatten und dem Rasenstück befinden, besteckt mit lieblichen Blumen und in der Mitte zum Sitzen geeignet, allwo sich die Sinne laben und wo man sich erquickend ausruhen kann.

Und von den Bäumen:

... Ihre Natur soll süß sein, sie sollen duftende Blüten und wohltuenden Schatten haben, so bei Weinstöcken, Birnen- und Apfelbäumen der Fall ist. Jenseits des Rasens hinwieder herrsche die Mannigfaltigkeit von Heilkräutern und Gewürzpflanzen, welche nicht nur durch ihren Duft erquicken, sondern auch durch die Vielfalt ihrer Blüten das Auge laben. In derartigen Anlagen sollte sich vor allem die Raute finden, denn sie besitzt köstliches Grün und verjagt durch ihre Bitterkeit giftige Tiere aus dem Lustgarten ... Ist die Möglichkeit gegeben, soll ein klarer, in Stein gefaßter Quell zur Mitte geleitet werden.

In seinem Gedicht *De ornatu Mundi* schildert *Hildebert, Bischof von Tours*, bereits im 11. Jahrhundert einen Garten, den er »Paradies« nennt (das Wort war im Mittelalter seiner Urbedeutung als umfriedeter Lustgarten näher), von einer Mauer umschlossen, von einem Bach geteilt, auf dem Schwäne ihre Kreise ziehen, mit einem Baumhag von Zedern, Palmen und Zypressen, einem Brunnen im Mittelpunkt, Rosensträuchern und einer Narzissenwiese, auf der ein Pfau sein Rad schlägt. Die Idee des Ur-Gartens, der Prototyp vorderorientalischer Anlagen, schlägt auch hier durch. Unter dem Einfluß der Kreuzzüge und der zunehmenden Kenntnis der profanen byzantinischen Literatur finden Handlungsmomente der höfischen Epen, zumal solche amouröser Art und wenn sie in einem eingefriedeten Draußen spielen, in deutlich vom Morgenland inspirierten Gartenräumen statt. Exotische Flora, wunderbar unübliche Materialien betonen die utopische Natur solcher Orte und Szenen.

In dem historischen bzw. pseudohistorischen Epos *Herzog Ernst* aus dem 12. Jahrhundert, Spiegelbild des Konfliktes zwischen Staufern und Welfen, wird der bayerische Herzog auf dem Kreuzzug in allerlei phantastische Abenteuer verwickelt, die eines Sindbad oder Aladin würdig wären. In der wunderbaren, aus den edelsten Materialien gefügten Stadt der Kranichmenschen (d.h. Menschgestaltige mit einem Kranichkopf) gelangt Herzog Ernst mit seinem Gefährten in einen »Garten« und schließlich in einen kühlen, geräumigen, »gut angelegten« Hof, wohl einen Innenhof inmitten des Palastes.

Viele grüne Zedernbäume / sahen sie darin stehen. / Sie eilten näher hinzu / und erblickten zwei Quellen, / die aus dem Hofe flossen; / eine war warm, die andere kalt. / Mit kluger Überlegung war es so eingerichtet, / daß sie in schöner Weise / beide an der gleichen Stelle / nebeneinander flossen und lieblich plätscherten. / Dicht daneben stand ein schönes Badehaus, / das ganz mit grünen Marmorsteinen /

kunstvoll überwölbt und / verkleidet und mit / starken Schwibbögen gestützt war.

Es gibt zwei rotgoldene Badewannen, silberne Rohre, welche die Wannen füllen, und als Abfluß Rohre aus Erz, die das Wasser wieder hinaus leiten in die Stadt und mitten durch die Straßen – ausdrücklich wird diese Anlage als nützlich für die Stadtreinigung gelobt. Die beiden Helden können der Versuchung nicht widerstehen, nach allen erlittenen Strapazen ein Bad zu nehmen, denn Stadt und Palast scheinen unbewohnt. Doch das wird nicht so bleiben, und die Konfrontation mit den rechtmäßigen Bewohnern ist unvermeidlich. Die detaillierte Schilderung des Palastes der Kranichmenschen sowie des kostbaren Inventars weist auf orientalischen Einfluß hin, und auch in der Badeszene und der Beschreibung der Anlage ist das Vorbild von morgenländischem Badeluxus offensichtlich.

In Italien ging die Tradition der antiken Gartenkultur nie ganz verloren, und so läßt es nicht erstaunen, daß dort mit der neu erwachten Begeisterung für die Antike in der Renaissance auch die Gärten wieder antiken Mustern folgten, »nach der Weise der Alten«, wie der berühmte Architekt und Bautheoretiker Alberti es vorgibt. Die frühen Villen der Mediceer um Florenz, Villen um Rom und Neapel zeugen von lebensfroher Bau- und Gartenlust. Diese Gärten bzw. ihre Pläne und Abbilder sind in Grundrissen und Stichen, hier und da auch in Resten ihrer ursprünglichen Anlage erhalten. Der geometrische Garten, die Elemente der Natur – Pflanzen, Wasser, Erdreich – dem menschlichen Gestaltungswillen unterworfen, das war und blieb noch für Jahrhunderte selbstverständliches Ideal. Die Natur könne per se nicht schön sein, sie werde es erst durch den Menschen – so wird es noch im 18. Jahrhundert der Franzose LeNotre, Gartenarchitekt am Hofe des Sonnenkönigs, selbstherrlich postulieren.

Auch die Literatur hat Zutritt zu jenen grünen Paradiesen, den Oasen einer freieren und feineren Lebensart. *Giovanni Boccaccio* läßt in seinem Novellenzyklus *Decamerone* (um 1350) zehn junge Aristokraten beiderlei Geschlechts vor der Pestepedemie in Florenz aufs Land fliehen. Und dort, in einem Garten, einem Refugium idyllischer Geselligkeit, erzählen sie sich die Geschichten der zehn Tage.

Hierauf ließen sie sich einen von Mauern umgebenen Garten öffnen, der sich an den Palast anschloß, und traten ein; sie fanden ihn gleich beim Eintritte in seiner Gesamtheit von so wunderbarer Schönheit, daß sie mit größter Aufmerksamkeit an die Betrachtung der Einzelheiten gingen. Ringsherum und nach allen Richtungen im Innern liefen pfeilgerade Wege, überlaubt von Weinreben, die für dieses Jahr eine reiche Traubenernte versprachen; und da sie damals in der Blüte standen, strömten sie zusammen mit den andern Gewächsen, die im Garten dufteten, einen solchen Wohlgeruch aus, daß sich die Gesellschaft mitten unter alle Spezereien des Morgenlandes versetzt wähnte. Und diese Gänge waren, so wie oben durch das Rebendach, an den Seiten überall mit Hecken von weißen und roten Rosen und Jasmin gleichsam geschlossen, so daß man sich unter dem lieblichen, würzigen Schatten nicht nur am Morgen, sondern auch wenn die Sonne am höchsten stand, nach Belieben ergehen konnte, ohne von den Strahlen getroffen zu werden. Wie viele und was für Pflanzen dort wuchsen und wie sie verteilt waren, das zu schildern wäre zu weitläufig; aber von allen nennenswerten, die unser Himmelsstrich gedeihen läßt, war nicht eine, die dort nicht im Überflusse vorhanden gewesen wäre. Mitten in dem Garten – und das war nicht sein geringster Vorzug – war eine Wiese von zartem Grase, deren beinahe ins Schwarze übergehendes Grün vielleicht von tausenderlei bunten Blumen unterbrochen war; und sie war ringsum von grünen, strotzenden Orangen- und Zitronenbäumen umschlossen, die mit ihren Früchten, alten sowohl als auch unreifen, und ihren dabei noch immer blühenden Zweigen zugleich das Auge durch den Schatten und den Geruchssinn durch den Duft letzten. Und mitten in dieser Wiese war ein Brunnen aus weißem Marmor, ein Meisterwerk der Bildhauerkunst. Darin sprang, ich weiß nicht ob durch natürliche Kraft oder durch eine künstliche Anlage, aus einer Figur, die auf einer in der Mitte errichteten Säule stand, ein so mächtiger Wasserstrahl zum Himmel empor, daß eine geringere Menge eine Mühle im Gange erhalten hätte, und fiel dann, nicht ohne liebliches Geplätscher, in den klaren Brunnen zurück. Das Wasser, das der Brunnen nicht fassen konnte, lief auf verborgenem Wege bis zum Rande der Wiese, trat dort ans Licht und umfloß sie in schönen, künstlich angelegten Gräben; ähnliche Gräben führten es in jeden Teil des Gartens, bis es sich endlich an einem Punkte sammelte und den schönen Garten verließ, um als klares Bächlein in die Ebene niederzufließen, nachdem es noch vorher zu nicht geringem Nutzen des Besitzers mit großer Wucht zwei Mühlen getrieben hatte. Der Anblick dieses Gartens, der so schön angelegt war, der Pflanzen und des Springbrunnens mit dem daraus abfließenden Bächlein machte jeglicher Dame und den drei jungen Männern so viel Vergnügen, daß sie sich einmütig gestanden, sie wüßten sich nicht vorzustellen, daß ein irdisches Paradies, wenn das möglich wäre, anders aussehen könnte als dieser Garten.

In so schöner, poetischer Ausführlichkeit wurde ein Garten in der Literatur bisher nicht beschrieben. Die Wegführung, die Wasseranlagen, der Brunnen im Zentrum, die Betonung der Wohlgerüche: das paradiesische Urbild hat wiederum mit seinen mythischen Elementen die Anlage bestimmt.

Neben den Gärten anmutiger Weltlichkeit gab es auch die Gärten der Philosophen und Gottsucher, denen die gebändigte Natur ihres privaten Draußen Spiegelbild einer universalen höheren Ordnung war, Geschenk eines gütigen Schöpfers, dem Menschen zu Nutzen und Frommen. *Erasmus von Rotterdam,* der die Gelehrsamkeit und universale Kenntnis der Antike mit tiefer christlicher Frömmigkeit verband, dichtet in seinem *Convivium religiosum (Das geistliche Abendmahl)* das Lob des einfachen Lebens auf dem Lande und steht damit in einer langen abendländischen Tradition.

Der Gelehrte Eusebius lädt Freunde auf sein Landgut ein, vor dem Essen gibt es eine Gartenbegehung, und der Gastgeber erläutert seinen Gästen (und den Lesern) die Besonderheiten seines Gartens. Da ist zunächst eine Kapelle am Eingang – seit den Gärten der griechischen und römischen Antike, in denen oft ein Altar oder Tempel erwähnt wird, findet sich in literarischen Gärten sonst keine Spur sakraler Nutzung.

Die Lieblichkeit des Gartens lockt viele Gäste an, es ist aber fast bei allen so Brauch geworden, nicht an Jesus vorbeizugehen, ohne ihn zu grüßen. Ihn habe ich, anstelle des garstigen Priapus [der antike Gartengott], nicht nur über meinen Garten zum Wächter gesetzt, sondern über alles, was ich besitze, ja sogar gleicherweise über Körper und Seele.

Er deutet auf eine Quelle und vergleicht sie mit dem, wonach die Seele lechzt. Der Garten sei einem Vergnügen geweiht, »aber einem ehrbaren: die Augen zu erfreuen, die Nasen zu erfrischen, das Gemüt zu erquicken«. Hier wachsen nur wohlriechende Pflanzen und auch keine beliebigen, sondern nur die erlesensten. Jede Art hat ihr Beet, jedes Beet hat ein Schildchen mit dem Namen der betreffenden Pflanzen; von einem Bach ist die Rede, »der hier und dort den Garten in gleiche Abschnitte teilt, in dem sich die Pflanzen auf beiden Seiten freudig wie in einem Spiegel betrachten«. Der Gelehrte und Pädagoge hat sich Spazierwege zu einsamem Wandeln und Studieren oder zum gemeinsamen Plaudern mit Freunden anlegen lassen. Nach der

Art römischer Villen sind in Innenräumen die Wände mit Gartenszenen ausgemalt, um einen Abglanz von Flora und Fauna auch im Winter zu genießen. Auf der Rückseite des Hauses gibt es einen Nutzgarten,

... der in zwei Teile abgeteilt ist: In dem einen befindet sich, was es an eßbaren Pflanzen gibt. Darin herrscht meine Frau und die Magd. In dem anderen ist, was es an besonders hervorragenden Heilkräutern gibt. ... Die ganze Mahlzeit ... wird aus Gemüse bestehen, aus selbsterzeugten Dingen. Sogar den Wein steuert die Gegend selbst bei. Melonen, Feigen, Birnen, Äpfel und Nüsse reichen die Bäume fast wie von selbst dar, wie auf den Inseln der Seligen, wenn man Lukian glauben darf. Vielleicht kommt aus dem Hühnerstall ein Huhn dazu.

Die *Wahren Geschichten* des *Lukian* mit ihren phantastischen Paradiesbildern (siehe S. 48f.) waren so bekannt, daß Anspielungen darauf verstanden wurden. Von einer kleinen Hängebrücke ist die Rede, einem Gartenhäuschen, ausländischen Blumen, die sich unter besonderer Pflege allmählich an das rauhere Klima gewöhnen; der Ausblick aus vielen Fenstern der Villa in den Garten wird gerühmt.

Der Garten des Erasmus ist Schauplatz und Voraussetzung für ideal-harmonische Lebensgestaltung, Quelle von allem, was dem Menschen dienlich und nützlich und seinem Geist und seiner Seele förderlich ist. *Vita activa, vita contemplativa* finden vorzugsweise im Garten statt, wobei allerdings die Pflegearbeit einerseits, das Denken, Disputieren und Meditieren andererseits ziemlich unausgewogen auf weibliche und männliche Schultern verteilt zu sein scheint. Auf diese fromme Weise konnte man sich der Natur und dem Natürlichen in aller Unschuld und gemäßigter Sinnenfreude wieder zuwenden. Eine Art *Irdisches Vergnügen in Gott*, wie der Barockdichter Heinrich Brockes rund zweihundert Jahre später seine von Naturseligkeit inspirierte Gedichtsammlung betiteln wird.

Um 1670 führt *Grimmelshausen* seinen *Simplicissimus*, einen volkstümlichen Anti-Helden, durch die Fährnisse und Wirrnisse des 30jährigen Krieges und durch alle Höhen und Tiefen realer und märchenhafter Welten und bedient damit die Lust seines Lesepublikums auf exotische, wunderbare, erotische Geschichten. Der unbehauste Vagabund kommt schließlich am Ende, nach einem Schiffbruch, auf einer einsamen Insel zu Ruhe und Seelenfrieden, einem Fleckchen Erde mit »trefflich fruchtbarem Erdboden«, mit Zitronen, Pomeranzen und Kokospalmen als Basis für ertragreichen Gartenbau. Er preist Gottes Güte, auch hier dient der Garten nicht nur der leiblichen Nahrung, sondern ist der adäquate Ort zur Betrachtung und zum Preis der göttlichen Werke:

... gleichwie der Mensch zur Arbeit wie der Vogel zum Fliegen geboren ist, also verursacht hingegen der Müßiggang beides der Seelen und dem Leib ihre Krankheiten ... ; derowegen pflanzte ich einen Garten, dessen ich doch weniger als der Wagen des fünften Rads bedurfte, weilen die ganze Insel nichts anders als ein lieblicher Lustgarten hätte genannt werden mögen; meine Arbeit taugte auch zu sonst nicht, als daß ich eins und anders in ein wohlanständigere Ordnung bracht, obwohl manchem die natürliche Unordnung der Gewächse wie sie da untereinander standen, anmutiger vorkommen sein möchte ... Die kleine Insel mußte mir die ganze Welt sein, und in derselbigen ein jedes Ding, ja ein jeder Baum! ein Antrieb zur Gottseligkeit ...! Also, sah ich ein stachelicht Gewächs, so erinnerte ich mich der Dornenkron Christi, sah ich einen Apfel oder Granat, so bedachte ich an den Fall unserer ersten Eltern und bejammerte denselbigen; ... war ich in meinem Garten, so gedachte ich an das ängstig Gebet am Ölberg, oder an das Grab Christi und wie er nach der Auferstehung Mariae Magdalenae im Garten erschienen etc.

Die Zeit von der zweiten Hälfte des 17. Jahrhunderts bis in das 19. Jahrhundert hinein war die große Epoche der Gartenlust. Versailles, das große Vorbild, setzte die Maßstäbe, und Europas weltliche wie geistliche Potentaten bis hinunter zu den deutschen Duodezfürsten waren dabei und strapazierten in edlem, oft ruinösem Wettstreit ihr Budget mit aufwendigen Außenanlagen. Die Parks von Sanssouci und Herrenhausen, Nymphenburg und Wörlitz entstanden, von Belvedere und Schönbrunn in Wien, von Hampton Court und Kew Garden bei London, Drottningholm in Schweden, Petershof in Rußland, HetLoo in Holland – um nur einige der Barock- und Rokokogärten zu nennen, die in der Grundanlage bis heute erhalten sind. Es gab nun keinen Zweifel mehr: Die Gartenkunst hatte sich von der Magd der Architektur zu einer autonomen Muse emanzipiert, hatte den ordinären Ruch von Erde und Dünger gänzlich hinter sich gelassen und duftete nur noch nach Blüten, frischen Quellen und Frühlingsgrün – und nach dem Garten Eden.

In den Gärten, den realen wie den fiktionalen der Literatur, regierte einstweilen noch *Prinz Rokoko*, wie dann in einem Gedicht von Eichendorff der Zeitgeist der Jahrzehnte um 1800 personifiziert wird. Der hohen Kunst stilisierter Natur hat sich manierierte Künstlichkeit beigesellt: das kunstfertig aus Stein Gebaute und Behauene hat allemal Vorrang vor dem natürlich Gewachsenen. Buchsgefaßte Beet-Ornamente imitieren Textil-muster von Kleidern und Tapeten, Wasser wird zu effektvollen Spielereien gebändigt, antikisierende Tempelchen ohne Götter und Stuckgötter ohne Altäre sind zu weltlichem Dekor gewor-den. Der Rokoko-Garten, artifiziell durchkomponierte Natur-kulisse für die Selbstdarstellung, die Spiele und Lustbarkeiten einer dem Untergang geweihten Adelswelt – er war der End-punkt einer langen Entwicklung. Einer Entwicklung, die mit den ersten in der Menschheitsgeschichte bezeugten Gärten be-gonnen hatte und in der das Grundprinzip der die Natur do-mestizierenden Gestaltung niemals hinterfragt worden war: Der Mensch ist absoluter Herrscher, und die Elemente der Natur sind Material in seiner Hand. Material ohne Eigenrecht.

Um 1780 wird in Deutschland die Idee des Rokoko-Gartens und seiner barocken Vorgänger-Anlagen in einem umfassen-den und zu seiner Zeit äußerst populären Werk kritisch disku-tiert: in der fünfbändigen *Theorie der Gartenkunst* von C. C. L. *Hirschfeld*. Der Professor der Philosophie und der schönen Kün-ste an der Universität Kiel weiß seine fundierten historischen und ästhetischen Exkurse über alle Bereiche der Hortikultur auf vergnügliche und poetische Weise zu formulieren – so auch sei-ne Kritik an dem berühmten Schöpfer von Versailles LeNôtre und allen seinen gartengestaltenden Epigonen im 18. Jahrhun-dert:

Fast überall hat er [LeNôtre] aus den Gärten Laubstädte, aus den Fuß-wegen Straßen, aus den Gebüschen Mauern mit Pfeilern, Wölbungen, Schwibbögen und Fenstern, Cabinette, Speisesäle, Tanzsäle, Theater, aus einzelnen Bäumen Pyramiden, Obelisken oder andere seltsame Figuren geformt; fast überall das genaueste Ebenmaß und die sorg-fältigste Regelmäßigkeit eingeführt ... Ein breiter Hauptweg in der Mitte, zu den Seiten eine gerade Hecke oder Allee, zuweilen in possir-liche Figuren geschoren, an den Ecken ein roth angestrichenes Lust-häuschen, Fluren mit bunten Steinchen und Glas belegt, dann ein mit Buchsbaum oder Porzellainstücken gezogenes Wappen des hochade-lichen Besitzers, Landungeheuer, die Wasser speien, Waldmänner, die es aus ihren Brüsten spritzen, eine ganze Völkerschaft von Puppen vom blitzschleudernden Zevs bis auf den bockfüßigen Satyr – dies war ungefähr der niedliche Geschmack ... der die Natur gerade da verdrängte, wo sie vorzüglich ihren reizenden Wohnsitz haben sollte, und der durch die unerträglichste Art von Symmetrie und alberner Künsteley ermüdete.

Hirschfeld holt sich Schützenhilfe von einem ›echten‹ Dichter, seinem Zeitgenossen *Christian Felix Weiße*, einem heute vergessenen, zu seiner Zeit aber viel gelesenen und mit seinen Theaterstücken aufgeführten Autor. Wenige Zeilen weiter zitiert er ein Gedicht von ihm:

> Dein Garten ist sehr schön geschmückt!
> Hier Statuen und dort Kaskaden,
> Die ganze Götterzunft, hier Faunen, dort Najaden,
> Und schöne Nymphen, die sich baden:
> Und Sand, vom Ganges hergeschickt,
> Und Muschelwerk und goldne Vasen
> Und Porzellan auf ausgeschnittnem Rasen
> Und buntes Gitterwerk und – eines such' ich nur –
> Ist's möglich, daß was fehlt? Nichts weiter – die Natur.

Doch es dauerte noch Jahrzehnte, bis in ganz Europa von der Idee des formalen Gartens endgültig Abschied genommen wurde – einer Idee, die ungern aufgegeben wird, da sie menschliche Allmachtsphantasien speist. Der Garten spiegelt die Welt und nährt die Illusion, die Natur sei heil und überschaubar, die Elemente seien beherrschbar, der Mensch sei in seiner selbstgeschaffenen Welt geborgen. Das ist mehr als eine ästhetische Frage des Stils und hat philosophische Dimensionen. Mit dem Niedergang der feudalen Adelswelt und ihren aristokratischen Lebensformen bereitete sich auch für den architektonischen, den geometrischen Garten das Ende vor. Am Ende des 18. Jahrhunderts wehte aus den englischen Landschaftsgärten her bereits ein frischer Wind in die vornehm frisierten Parks des Kontinents. Zum ersten Mal in der Geschichte der Gartenkultur tauchte nun – im Rahmen der allgemeinen Geistesgeschichte der Epoche der Aufklärung – die Frage auf, wieviel ›Natur‹ man in einem Garten dulden, ja pfleglich fördern sollte. Die Balance von Natur und Kultur, von Wildnis und bändigendem Eingriff und Zuschnitt wurde neu gewichtet, und damit war ein Thema von universeller Tragweite und philosophischer Dimension angeschnitten. Es wurde von den großen Geistern der Zeit enthusiastisch diskutiert.

Die Geburtswehen eines gewandelten Sinns für gestaltete Landschaft ziehen sich jedoch über einige Jahrzehnte hin. In nostalgischer Verklärung werden die alten Gärten noch einmal im Werke *Joseph von Eichendorffs* lebendig. In geheimnisvollen, romantisierenden Außenräumen scheinen die Menschen recht eigentlich zu Hause zu sein; Schlüsselszenen und wichtige Begegnungen finden in Gärten statt.

Schon den Protagonisten seiner Jugendnovelle *Aus dem Leben eines Taugenichts* von 1823 läßt Eichendorff von Garten zu Garten wandern und schwärmen. Der Freiherr selbst ist in einem herrschaftlichen Park um das schlesische Schloß Lubowitz aufgewachsen, und auch wenn er ihn niemals explizit beschrieben hat, so blieb er doch Sehnsuchtsort sein Leben lang. Aus den vielen Gartenszenen und Gartenbildern im Gesamtwerk Eichendorffs fügt sich ein barocker Lustgarten zusammen mit morbidem, verführerischem Charme, doch – je nach Stimmung des Autors – schon etwas aus der Mode gekommen, wie in dem Gedicht:

> Es glänzt der Tulpenflor, durchschnitten von Alleen
> Wo zwischen Taxus still die weißen Statuen stehen,
> Mit goldnen Kugeln spielt die Wasserkunst im Becken,
> Im Laube lauert Sphinx, anmutig zu erschrecken.

Von hohen Buchenalleen ist hier und da die Rede, von Rosenbüschen, Tempeln, Lauben und grünen Gängen, von blühenden Sträuchern, Rasenplätzen, duftenden Blumenbeeten. Steinerne Stufen, Säulen und Marmorstatuen werden erwähnt, hohe schmiedeeiserne Tore, altes, von Efeu überwachsenes Gemäuer – und immer wieder Springbrunnen und rauschende Wasserkünste. Ob diese Gärten Schlösser in Wien, bei Marseille, in Rom oder irgendwo auf dem Weg über die Alpen umgeben – es sind Orte des Nirgendwo, allen klimatisch-geographischen Eigentümlichkeiten entrückt.

Von den beiden *Glücksrittern* in der gleichnamigen Novelle heißt es:

Darüber waren sie an ein altes Gittertor gekommen und blickten durch die ehemals vergoldeten Stäbe in den Schloßgarten hinein. Da lag alles einsam und schattig-kühl, Regen, Wind und Sonnenschein waren, wie es schien, schon lange die Gärtner gewesen, die hatten einen steinernen Neptun aufs Trockne gesetzt und ihm eine hohe grüne Mütze von Ginster bis über die Augen gezogen, wilder Wein, Efeu und Brombeer kletterten von allen Seiten an ihn heran, eine Menge Sperlinge tummelten sich lärmend in seinem Bart, er konnt' sich mit seinem Dreizack vor dem Gesindel gar nicht mehr erwehren. Und wie er so sein Regiment verloren, reckten und dehnten sich auch die künstlich verschnittenen Laubwände und Baumfiguren aus ihrer langen

Verzauberung phantastisch mit seltsamen Fühlhörnern, Kamelhälsen und Drachenflügeln in die neue Freiheit hinaus, und mitten unter ihnen auf dem Dach eines halbverfallenen Lusthauses saß melancholisch ein Pfau noch aus der vorigen Pracht und rief der untergehenden Sonne nach, als hätte sie ihn hier in der Wildnis vergessen.

In Eichendorffs Gartenbeschreibungen klingt ein zunehmend resignativer Ton an, eine – wenn auch sehr malerische – Verwilderung nimmt überhand, Rückeroberung des Menschenwerks durch die Natur greift um sich. Das mag hier und da mit dem Arbeitsaufwand für den Unterhalt eines streng gebändigten Parks zu tun haben; dauerhaft die Natur in Zaum zu halten, wie es der ursprüngliche Plan vorschreibt, war für manchen Ländchen-Fürsten eine ruinöse Angelegenheit – der Fürst Pückler-Muskau beispielsweise wußte davon ein Lied zu singen bzw. viele Manuskriptseiten vollzuschreiben. Doch hatte das Laissez-faire der Natur gegenüber auch Methode, Kunstlosigkeit bzw. die Kunst, die sich als Natur ausgab, war in Mode gekommen, nun auch in Deutschland.

Wir machen einen Zeitschritt zurück ins 18. Jahrhundert, nach England, wo das Gartenthema zuerst zur Philosophiesache erhoben worden war. Bereits 1712 erschien jener berühmte fiktive Brief von *Joseph Addison* in der Zeitschrift *Spectator*, in dem er seinen Garten preist und bewußt und geradezu revolutionär dem Französischen Garten des Kontinents entgegenstellt. Sein Plädoyer für geordneten Wildwuchs, einheimische Pflanzen, Vogelpflege, kurzum ›ökologiebewußten‹ Gartenbau schließt er so:

Sie müssen wissen, mein Herr, daß ich das Vergnügen, das wir in einem Garten genießen, als eine der unschuldigsten Freuden des menschlichen Lebens erachte. Ein Garten war die Wohnung unseres ersten Elternpaares vor dem Sündenfall. Daher ist er von Natur aus dazu geeignet, das Gemüt mit Stille und Frieden zu erfüllen und alle seine stürmischen Leidenschaften zur Ruhe zu bringen. Er ermöglicht uns tiefe Einsichten in Wirken und Weisheit der Vorsehung und regt uns zu zahllosen Betrachtungen an. Ich kann nicht umhin, Behagen und Befriedigung, die der Mensch angesichts dieser Werte der Natur empfindet, als eine lobenswerte wenn nicht gar tugendhafte Übung des Geistes anzusehen.

Rund 50 Jahre später hat der Funke auch in Frankreich gezündet. 1761 legte *Jean-Jacques Rousseau* seinen fiktiven Garten am Genfer See an, Teil eines idealen Lebensraumes für einen idealen Kreis von tugendhaften, sinnvoll tätigen Menschen. Der Briefroman *La Nouvelle Heloïse* traf mit seiner Verherrlichung von Natur und spontanen Gefühlen sowie der Kritik der herrschenden Gesellschaftsform den Nerv der Zeit und strahlte nachhaltig auf Literatur und Philosophie Europas der nächsten Jahrzehnte aus. Die leidenschaftliche Liebe zwischen der Adligen Julie und dem Hauslehrer Saint Preux hat wegen des Standesunterschieds keine Zukunft. Jahre später, nach schmerzlichem Verzicht, trifft Saint Preux Julie – gereift und für gesellschaftliche Aufgaben geläutert – in standesgemäßer Ehe als Gutsherrin wieder. Der Garten ist ihre Domäne und ihr Elysium; seinem Erscheinungsbild und der Idee, die hinter seiner Anlage steht, sind viele Seiten des Romans gewidmet.

Beim Eintritte in diesen sogenannten Baumgarten überkam mich ein angenehmes Gefühl der Kühle, mit welchem die dunklen Schatten, das frische lebhafte Grün, das Rieseln eines fließenden Gewässers, und der Gesang von tausend Vögeln meine Einbildungskraft ebenso sehr als meine Sinne erfüllten. Zugleich aber glaubte ich, den wildesten, einsamsten Ort der Natur vor mir zu sehen, und es kam mir vor, als sei ich der erste Sterbliche, der jemals in diese Einöde vorgedrungen sei ...

Mit wahrem Entzücken begann ich diesen so verwandelten Obstgarten zu durchstreifen, und sah ich auch keine exotischen Gewächse und Pflanzen, wie sie in Indien wachsen, so fand ich doch die einheimischen so geordnet und vereint, daß sie eine heiterere und angenehmere Wirkung hervorbrachten. Der grünende, dichte, aber kurze Rasen war mit wildem Thymian, Balsamkraut, Küchenpolei, Majoran und andern wohlriechenden Kräutern vermischt. Man sah darunter tausend Feldblumen hervorschimmern, unter welchen das Auge mit Verwunderung Gartenblumen entdeckte, die mit den anderen wild zu wachsen schienen ... An den offnern Stellen entdeckte ich hie und da, ohne Ordnung und Symmetrie, Rosenbüsche, Himbeersträucher, Johannisbeeren, Fliedergesträuch, Haselsträucher, Holunder, wilden Jasmin, Ginster, Klee, welche das Land schmückten ... Ich folgte unregelmäßig gewundenen Lustgängen, die mit diesen blühenden Büschen auf beiden Seiten eingefaßt und mit tausend Girlanden von wildem Wein, Hopfen, weißer Winde, Zaunrüben, Waldreben und andern Pflanzen dieser Art bedeckt waren, unter welche sich zu mischen auch Geißblatt und Jasmin nicht verschmähten ...

Alle diese kleinen Spazierwege waren von einem lautern, hellen Gewässer gesäumt und durchschnitten, das bald in fast unsichtbaren kleinen Bachläufen durch das Gras und die Blumen dahinfloß, bald in breitern Bächen über reinen gesprenkelten Kies strömte, der das Wasser noch glänzender machte.

Statt einer Voliere gibt es ein Vogelhaus, denn man sieht die Vögel als »Gäste, nicht als Gefangene«. Statt einer Hecke bilden »starke lebendige Zäune« die Einfriedung aus Ahorn, Weißdorn, Stechpalmen, Hartriegel.

Ein Ort wie dieser ... kann ... nur durch Kultur und Fleiß geworden sein; aber ich sehe nirgends die mindeste Spur von Kultur. Alles ist grünend, frisch, kräftig, und die Hand des Gärtners zeigt sich nicht ... Sie sehen nichts Abgemessenes, nichts Abgezirkeltes, nie kam die Schnur an diesen Ort; die Natur pflanzt nichts nach der Schnur.

Der Garten, das Gärtnern gehören zur Seelentherapie, dienen der Sublimierung der Leidenschaften und führen von Ich-Befangenheit hin zu befreiender Tätigkeit für das Ganze. Es bedarf keines rigorosen Reglements, keiner ›Schnur‹: Die Natur ist schön und nützlich, der Mensch ist gut und tugendhaft, nur die gesellschaftlichen Verhältnisse – »all der Kram von gesellschaftlicher und allerkünstlicher Ordnung« – hindern ihn an der Entfaltung seiner schönsten Möglichkeiten. Und sie vereiteln auch in dieser Geschichte das glückliche Ende: Gartenlust als Ersatzdroge ist kein Dauerheilmittel gegen die Leidenschaft, sie flammt wieder auf, und nur durch Julies Tod bleibt die Tugend gewahrt.

In diesen Zeiten der um sich greifenden Gartenlust hatten die Dichter auch als Reisende für real existierende Parks offene Augen und trugen das Ihre dazu bei, die Struktur und die Flora der illustren Anlagen mit preisenden Worten der Nachwelt zu vermitteln. Im Zuge des allgemeinen Gartenenthusiasmus weht jedoch auch in diese irdisch-konkreten Räume ein Paradieseslüftchen; idealische Überhöhung, poetisch-metaphorische Vegetationsbilder durchkreuzen das scheinbar sachliche Berichten. Zwei dieser realen, mit Dichteraugen gesehenen Gärten mögen als Beispiel dienen. Neben den vielen poetischen Gartenbildern, die *Goethes* Phantasie geschaffen hat, fand er für einen realen Garten am südlichsten Punkt seiner *Italienischen Reise* begeisterte Worte: den Park von Palermo. Er notiert am 7. April 1787:

In dem öffentlichen Garten, unmittelbar an der Reede, brachte ich im stillen die vergnüglichsten Stunden zu. Es ist der wunderbarste Ort von der Welt. Regelmäßig angelegt, scheint er uns doch feenhaft, vor nicht gar langer Zeit gepflanzt, versetzt er ins Altertum. Grüne Beeteinfassungen umschließen fremde Gewächse, Zitronenspaliere wölben sich zum niedlichen Laubengange, hohe Wände des Oleanders, geschmückt von tausend roten nelkenhaften Blüten, locken das Auge. Ganz fremde, mir unbekannte Bäume, noch ohne Laub, wahrscheinlich aus wärmern Gegenden, verbreiten seltsame Zweige. Eine hinter dem flachen Raum erhöhte Bank läßt einen so wundersam verschlungenes Wachstum übersehen und lenkt den Blick zuletzt auf große Bassins, in welchen Gold- und Silberfische sich gar lieblich bewegen, bald sich unter bemooste Röhren verbergen, bald wieder scharenweis, durch einen Bissen Brot gelockt, sich versammeln. An den Pflanzen erscheint durchaus ein Grün, das wir nicht gewohnt sind, bald gelblicher bald blaulicher als bei uns. Was aber dem Ganzen die wundersamste Anmut verlieh, war ein starker Duft, der sich über alles gleichförmig verbreitete, mit so merklicher Wirkung, daß die Gegenstände, auch nur einige Schritte hintereinander entfernt, sich entschiedener hellblau voneinander absetzten, so daß ihre eigentümliche Farbe zuletzt verloren ging, oder wenigstens sehr überbläut sie sich dem Auge darstellten.

Einen einzigen realen Garten hat, neben vielen romantisch verklärten Gartenszenen, auch *Eichendorff* beschrieben. Der junge Mann von Adel befand sich zusammen mit seinem Bruder auf der obligaten Bildungsreise, und unter dem Eintrag vom 28. Juli 1807 findet sich eine Schilderung des Besuches im Park von Schwetzingen, den sich die Brüder am frühen Morgen zu Fuß erwandert haben.

Wir ... begaben uns nach eingenommenem Frühstüke sogleich in den hiesigen Großherzoglichen Garten, der ... einer der berühmtesten Deutschlands ist. Altfränkisches und nicht großes Schloß, durch das man hineingeht. Gleich beym Eintritt schönes Point de vue durch eine durchaus ausgehauene Allee auf den fernen blauen Donnersberg, grade symetrisch in der Mitte. Zu beiden Seiten des Schloßes schließen sich (wie die Portici an der Peterskirche) ungeheuere Orangeriepalläste an Großes Bassin mit Statuen u. vielen Waßerkünsten. Ungeheuere, himmlische (meistens 22 Schritt breite) Alleen, sich nach allen Richtungen durchkreutzend ... Wir umgiengen zuerst den Garten in seinem Umfange, wobey wir dann an verschiedenen Gräben und Teichen, deren Ufer sehr schön mit Trauerweiden behangen sind, an einer alten Ruine, die wir bestiegen, u. wieder an einer anderen dergleichen etc. etc ... Das schöne Plätzchen: wo die stillen Bächlein gehn, u. der rinnende Felsen mit dem darauf sitzenden Faun. Unter diesem undurchdringlichen Schatten ruhten wir einige Zeit aus. Große Mengen von Vögeln in diesem kühlen Dunkel spielend. Herrlicher Apollo-Tempel mit einem Vorhofe mit Sphinxen u. der Cascade, hinten schattigte Altanen. Daneben ein sehr kostbar decorirter Tempel, wobei fast die schönste Parthie, nemlich ein langer Bogengang mit Holtz-

gittern (gantz nach altem Geschmack, aber sehr schön) in deßen Mitte
eine Waßerkunst mit rings umgebauten Vogelhäusern und kühlen,
ausgelegten Grotten, u. in deßen Hintergrunde endlich eine große,
oben etwas gewölbte Mauer, ein wenig abstehend, mit vorgewach-
senen Sträuchern, worauf eine Landschaft mit Waßer und blauen Bergen, u. blauem Himmel bis oben hinauf, so täuschend gemahlt ist,
daß man bis auf 8 Schritt durchaus glaubt, man habe eine wirkliche
Gegend von 10 Meilen vor sich.

Wir kehren zurück in die fiktiven Gärten der Wende vom 18.
zum 19. Jahrhundert und der ersten Jahrzehnte danach. Gewiß
hat auch hier Rousseaus Ruf »Zurück zur Natur!« seine Wirkung getan und ein neues, von arkadischen Schäferidyllen un-
verstelltes Gefühl für Natur und Landschaft geweckt. Gartenbilder sind verschwommener geworden, doch der Urtypus
scheint noch immer durch. Zumal *Jean Paul* schwärmt in poetischen Metaphern von Gärten, die noch einmal verschwenderisch überschüttet sind mit dem Besten, was Floras Füllhorn zu
bieten hat.

In dem Roman *Titan* (1776) ist von einem konkreten Rokoko-
Garten die Rede, von der Isola Bella, einer der Borromäischen
Inseln im Lago Maggiore, auf der der Held Albano seine Kindheit verbracht hat. Jean Paul macht die Insel zu einem Gefilde
der Seligen, sein poetischer Höhenflug wird duch keinen An-
spruch auf objektive Beschreibung dieser paradiesischen Kunst-
landschaft gebremst, die er niemals mit eigenen Augen gesehen hat. Bei seinen phantasiebeflügelten Ergüssen kam ihm der
Zeitgeist entgegen. Es hatte inzwischen eine Sensibilisierung
für Atmosphärisches um sich gegriffen, literarische Gärten, auch
solche mit festem Ort und Namen auf der Landkarte, wurden
gern in diffuse, traumhafte Wunderlandschaften umgewandelt,
in denen nicht so sehr das katastermäßig Faßbare zählte, sondern das zwischen den Zeilen Schwebende: Fluidum, Duft, Farbe. Pflanzen und Blüten überwuchern als Metaphern Garten-
mauern, emanzipieren sich aus naturhaften Bezügen und verbinden sich mit außer-natürlichen Dingen und Erscheinungen.
Das Wort, der symbolträchtige Vergleich, sie verknüpfen alles
mit allem. Da heißt es von der Erziehung des jugendlichen Helden Albano:

Hier ließ er ihn im Hause eines biedern Edelmannes so lange erzie-
hen, oder deutlicher und allegorischer, er ließ hier die pädagogischen
Kunstgärtner so lange mit Gießkannen, Inokuliermessern und Gar-
tenscheren um ihn laufen, bis sie an den hohen schlanken Palmbaum

voll Sagomark und Schirmstacheln mit ihren Kannen und Scheren nicht mehr langen konnten.

Oder, bezogen auf jene Insel:

Die Nachtigallen schlugen begeistert auf dem Triumphtore des Frühlings. Sein [Albanos] Herz wuchs in der Brust wie eine Melone unter der Glocke, und er hob sie immer höher über der schwellenden Frucht. Auf einmal bedacht' er, daß er so den Tulpenbaum des prangenden Morgens und die Kränze der Insel nur wie eine italienische Seidenblume Staubfaden für Staubfaden, Blatt für Blatt zusammenlegen sehe: – da befiehl ihn sein alter Durst nach einem einzigen erschütternden Guß aus dem Füllhorn der Natur; er verschloß die Augen, um sie nicht eher zu öffnen als oben auf der höchsten Terrasse der Insel vor der Morgensonne.

Albano kehrt als junger Mann erstmals auf die Borromäischen Inseln zurück. Um das Erlebnis des Wiedersehens jener von Schönheit gesegneten Landschaft in ganzer Fülle auszukosten, hat er sich des Nachts hinüberrudern lassen und sich gegen die Zerdehnung und damit Zerstreuung des ersehnten Augenblicks in kleinliche Genußsplitter ein Tuch vor die Augen gebunden. Er erwartet so den Sonnenaufgang.

Der Mantel der Nacht wurde dünner und kühler – die Morgenluft wehte lebendig an die Brust – die Lerchen mengten sich unter die Nachtigallen ... Endlich hing die zerlegte Morgenröte als eine Fruchtschnur von Hesperidenäpfeln um die fernen Kastaniengipfel; und jetzt stiegen sie auf Isola bella aus.

Der verhangne Träumer hörte, als sie mit ihm die zehen Terrassen des Gartens hinaufgingen, neben sich den einatmenden Seufzer des Freudenschauders und alle schnelle Gebete des Staunens; aber er behielt standhaft die Binde und stieg blind von Terrasse zu Terrasse, von Orangendüften durchzogen, von höhern freiern Winden erfrischt, von Lorbeerzweigen umflattert – und als sie endlich die höchste Terrasse erstiegen hatten, unter der der See 60 Ellen tief seine grünen Wellen schlägt ... Welch eine Welt! Die Alpen standen wie verbrüderte Riesen der Vorwelt fern in der Vergangenheit verbunden beisammen und hielten hoch der Sonne die glänzenden Schilde der Eisberge entgegen – die Riesen trugen blaue Gürtel aus Wäldern – und zu ihren Füßen lagen Hügel und Weinberge – und zwischen den Gewölben aus Reben spielten die Morgenwinde mit Kaskaden wie mit wassertaftnen Bändern – und an den Bändern hing der überfüllte Wasserspiegel des Sees von den Bergen nieder, und sie flatterten in den Spiegel, und ein Laubwerk aus Kastanienwäldern faßte ihn ein ...

... und als der Morgenwind ferne Schiffe zwischen die Alpen hineinjagte – und als Isola madre gegenüber sieben Gärten auftürmte und

ihn von seinem Gipfel zu ihrem im waagrechten wiegenden Flug hin-
überlockte – und als sich Fasanen von der Madre-Insel in die Wellen
warfen; so stand er wie ein Sturmvogel mit aufgeblättertem Gefieder
auf dem blühenden Horst, seine Arme hob der Morgenwind wie Flügel auf, und er sehnte sich, über die Terrasse sich den Fasanen nach-
zustürzen und im Strome der Natur das Herz zu kühlen.

Mehr und Konkreteres erfährt der Leser nicht über die Borromäischen Inseln im Lago Maggiore. Sie sind Albanos »Eden-
Eiland«, sein »Rosenparterre der Kindheit – unter Italiens tief-
blauem Himmel – in den schwelgerischen Zitronenlauben voll
Blüten« – Requisiten verfeinerter Gartenkultur, die zu Metaphern eines hochgestimmten Daseinsgefühls geworden sind.

Auch in *Eduard Mörikes* Roman *Maler Nolten* (1832), der Ent-
wicklungsgeschichte eines jungen Künstlers zwischen zwei
Frauen, zwischen der Gefühlsbeziehung zu einem Mädchen aus
seinen Kreisen und der verhängnisvollen Verstrickung seines
Schicksals mit einer Zigeunerin, sind die Protagonisten zu Gast
in einem fürstlichen Garten.

Man fuhr in den Schloßhof ein, der hinten durch eine im Halbkreis
gezogene Kastanienallee gar schön geschlossen ist, indem dieselbe
rechts und links auf beide Flügelenden zugeht. Die Mitte des Halb-
zirkels nimmt ein achteckig gefaßter See mit Springbrunnen ein, dessen altfränkische Delphine nach vier Seiten hin ihr Wasser strahlen.
Die Allee wird durch gradlinige Wege dreimal durchschnitten, um in
die zunächst hinterliegenden Anlagen zu gelangen. Der mittlere Aus-
gang führt nach der Schnur auf ein ansehnliches Gartenhaus zu ... Es
endigte nämlich jener Flügel mit einer breitstufigen Steintreppe, welche vor den Fenstern des oberen Stocks ein Belvedere ansetzte ... Mit
der letzten Stufe an der Erde trat man in ein niedliches Rosengärtchen,
welches im Viereck von einer niedern, künstlich ausgehauenen Balustrade umgeben, einerseits auf den Abhang des Schloßberges hinunter-
sah, andererseits durch ein eisernes Gatter in die Allee einführte.

Und ein paar Tage später dann:

Es war ein schwüler Nachmittag. Nolten trat in ein sogenanntes Labyrinth. So heißen bekanntlich in der alt-französischen Gartenkunst
gewisse planmäßig, aber scheinbar willkürlich ineinander geschlun-
gene Laubengänge mit einem einzigen Eingang, welcher sich schwer
wieder finden läßt, wenn man erst eine Strecke weit ins Innere ge-
drungen ist, weil die grünen, meist spiralförmig umeinander laufen-
den und durch unzählige Zugänge unter sich verbundenen Gemä-
cher fast alle einander gleichen. Die Wege sind sehr reinlich gehalten,
die Wände glatt mit der Schere geschnitten, ziemlich hoch und oben

gemeiniglich offen. Der Maler schritt in diesen angenehmen Schatten, seinen Gedanken nachhängend, von Zelle zu Zelle, und nachdem er lange vergeblich auf das Zentrum zu treffen gehofft hat, verfolgt er endlich eine bestimmte Richtung und gelangt auch bald in ein größeres rundes Gemach, worauf die verschiedenen Wege von allen Seiten zuführen; es ist oben bis auf eine schmale Öffnung überwölbt, und diese sanfte Dämmerung, die Einsamkeit des Plätzchens, wo kaum das Summen einer Fliege die tiefe süße Mittagsstille unterbrach, alles stimmte vollkommen zu den Gefühlen unseres Freundes.

Die Schwüle entlädt sich in einem Gewitter, das Nolten »mit Wollust an dem kühnen Anblick der Natur« beobachtet. Dem »Aufruhr der Natur«, der Undurchschaubarkeit des Labyrinthes entspricht die Seelenlage der Menschen, das Geschehen steuert, nach dem retardierenden Moment des idyllischen Verweilens im Garten, unaufhaltsam dem tragischen Ende zu.

Mörike, auf der Schwelle zwischen Romantik und literarischem Realismus, gibt seinem fürstlichen Park sehr wirklichkeitsgetreue Details, auch wenn botanische Benennungen weitgehend ausgespart bleiben: ein Garten im französischen Stil – der ›alte Garten‹ war in Deutschland zu der Zeit noch immer die einem *locus amoenus* gemäße Anlage.

Die literarische Gartenlandschaft wird im 19. Jahrhundert unübersichtlicher. Der Topos ›Garten‹ verliert mehr und mehr an Verbindlichkeit. Zwar schwingt bei allen Gartenbildern die mythische Konnotation weiterhin mit. Auch Baum und Brunnen, Quelle und Blumenflor bleiben symbolträchtig und von vornherein bevorzugter Grundstoff für Dichterphantasien. Doch jene fiktiven Paradiese des ungetrübten Gartenglücks und Seelenfriedens, die wir bisher durch die Zeiten aufgespürt haben, finden sich fortan nur noch in märchenhaften und wunderbaren Geschichten oder in nostalgischem Rückblick auf ein unwiederbringlich Verlorenes.

In den Kunstmärchen der Romantik sind Wundergärten und Gartenwunder selbstverständlich. Allerdings sind die Wunder phantastischerer Natur als das regelwidrige Phänomen ewigen Blühens und Reifens, das, wie wir sahen, von allem Anfang her typisches Kennzeichen literarischer Gärten war. Die Gärten sind jetzt Teil jener märchenhaften Binnenwelt, dem eigentlichen, magischen Zentrum des Geschehens, dem Gegenpol der banalen Alltäglichkeit, unendlich fern und doch gleich nebenan im Nachbarviertel, Nachbartal oder gar Nebenzimmer. Nah und offen sind sie für spezielle Günstlinge der Gartenbesitzer – oder auch für ›Sonntagskinder‹ und Sonderlinge als Lieblingen der geheimnisvollen Mächte höherer Ordnungen. Bereits Goethes Märchen *Der neue Paris* von 1811 führt in einen solchen Zaubergarten gleich um die Ecke, dessen Pforte sich dem jungen Protagonisten nur einmal und dann nie wieder öffnet. Im Kapitel über den »Gartenfrevel« werden uns beide, der Garten und der Eindringling, näher beschäftigen.

Etwa zur gleichen Zeit wie Mörikes Roman erschien *Ludwig Tiecks* Märchennovelle *Die Elfen*. Da gibt es eine besonders fruchtbare Gegend am Fluß mit »dicht gedrängten Obstbäumen, der Boden ist voll schöner Kräuter und Blumen«, ein Dorf und das Haus einer Familie »auf einer kleinen, grünen Anhöhe von einer zierlichen Stakete umgeben, welche auch ihren Frucht- und Blumengarten umschloß«. Aus dieser ländlichen Idylle geraten zwei Kinder, ein Junge und ein Mädchen, beim Spielen in einen Tannengrund, der von den Dorfbewohnern wegen der dort ausgegrenzt hausenden zerlumpten Zigeuner gemieden wird. Doch der Schein trügt. Hinter der abstoßenden Häßlichkeit des Vordergrundes tut sich dem Mädchen das Elfenreich auf mit einem Palast und einem edengleichen Park.

Der bunteste, fröhlichste Blumengarten umgab sie, in welchem Tulpen, Rosen und Lilien mit den herrlichsten Farben leuchteten, blaue und goldrote Schmetterlinge wiegten sich in den Blüten; in Käfigen aus glänzendem Draht hingen an den Spalieren vielfarbige Vögel, die herrliche Lieder sangen.

Von überall her springen Quellen, Kinder binden Kränze aus Schilf und Wasserlilien, in anmutigen Hainen singen Nachtigallen, Zwerge bewachen die Grenze, es herrscht ewiger Frühling und Sommer. Eine ganze Hierarchie von Elementargeistern treibt in dieser Gegenwelt ihr Wesen, nicht nur in eigener paradiesischer Gemeinschaft, sondern auch zum Besten der Menschen: die üppige Fruchtbarkeit des Tales ist ihren unterirdischen Bewässerungs- und Befeuerungskünsten zu verdanken.

Das Mädchen wird von einem Elfenkind, das aus einer Prise Samenstaub in Handumdrehen eine Wiese wachsen lassen kann und aus ein paar Pinienkernen grüne Sträucher, in die Geheimnisse des Elfenreiches eingeweiht. In solchen Gärten gehen, wie immer wieder deutlich wird, die Uhren anders, und hier im Märchen wird die Zeitentrückung sogar gemessen: Sieben Jahre bei den Wesen der Anderswelt ist wie ein

Tag – ein Motiv, das aus der Volkssage bekannt ist. Das Kind ist plötzlich ein junges Mädchen, findet scheinbar in die menschlich-allzumenschliche Wirklichkeit zurück, trägt aber an dem Geheimnis ihrer ›Einweihung‹ zu schwer, bricht es schließlich und beschwört durch die Tabuverletzung den Auszug der Elfen und das Unglück ihrer Familie und der Gemeinschaft herauf.

In *Clemens Brentanos Märchen von Gockel und Hinkel* (Urfassung 1816/17), angesiedelt in scheinbar topographisch faßbaren Orten wie Gelnhausen, Hanau, Hennegau, oszilliert die Erzählung zwischen realem und surrealem Geschehen und Ambiente. Die allen Wechselfällen phantastischer Schicksalsfügungen ausgelieferte Familie des »Reichsgrafen« Gockel kommt für einige Zeit in einem Schloß zur Ruhe, das ein Wunschring herbeigezaubert hat. Der Garten um das Schloß ist Metapher für Windschatten und Geborgenheit: wunderlieblicher Blumenduft, Springbrunnen im Mondschein, unvergleichlich singende Nachtigallen, Wege mit glitzerndem Goldsand bestreut, eine Rosenlaube mit einer Rasenbank, »und ein schönes goldenes Gitter umgab das ganze liebe Gärtchen«. Die Gärten der Romantik sind Seelenorte einer Anderswelt, botanische und architektonische Detailtreue liegt nicht in der ästhetischen Absicht ihrer ›Erfinder‹.

Auch die opulenten Gartenbilder *E. T. A. Hoffmanns,* die sich hinter bürgerlichen Fassaden auftun, gehören ganz in den Bereich der Magie: Die Pflanzen mutieren, trotz ihrer botanischen Eigennamen, zu Wundergewächsen, wenn der poetische Blick sie trifft. Profane Wintergärten wuchern zu irrealen Zauberwelten. So in dem *Mährchen aus der neuen Zeit, Der goldne Topf,* von 1814. Mitten in Dresden kommt der ›Held‹ der Geschichte, der Student Anselmus, mit seinem Brotgeber, dem Archivarius Lindhorst,

... aus dem Korridor in einen Saal oder vielmehr in ein herrliches Gewächshaus, denn von beiden Seiten bis an die Decke hinauf standen allerlei seltene wunderbare Blumen, ja große Bäume mit sonderbar gestalteten Blättern und Blüten. Ein magisches blendendes Licht verbreitete sich überall ... Im tiefen Dunkel dicker Zypressenstauden schimmerten Marmorbecken, aus denen sich wunderliche Figuren erhoben, Kristallenstrahlen hervorspritzend, die plätschernd niederfielen in leuchtende Lilienkelche ... Von dem Anblick, von den süßen Düften des Feengartens berauscht, blieb Anselmus festgezaubert stehen.

Er wird unwiderstehlich aus seiner »dürftigen Existenz« in diese »Wunder einer höheren Welt« hineingezogen, die er schrittweise zu begreifen lernt. Ein paar Tage später:

Der Student Anselmus erstaunte aufs neue über die wunderbare Herrlichkeit des Gartens, aber er sah nun deutlich, daß manche seltsame Blüten, die an den dunkeln Büschen hingen, eigentlich in glänzenden Farben prunkende Insekten waren, die mit den Flügeln auf und nieder schlugen und durcheinander tanzend und wirbelnd sich mit ihren Saugrüsseln zu liebkosen schienen. Dagegen waren wieder die rosenfarbnen und himmelblauen Vögel duftende Blumen, und der Geruch, den sie verbreiteten, stieg aus ihren Kelchen empor in leisen lieblichen Tönen, die sich mit dem Geplätscher der fernen Brunnen, mit dem Säuseln der hohen Stauden und Bäume zu geheimnisvollen Akkorden einer tiefklagenden Sehnsucht vermischten.

Auch das Schicksal des Archivarius ist mit einem Garten verknüpft: Er gehört eigentlich zu den Elementargeistern von Atlantis und verscherzte sich sein Wohnrecht im goldenen Zeitalter durch einen Gartenfrevel aus Liebe: »Da ergriff den Salamander der Wahnsinn der Verzweiflung, und er rannte, Feuer und Flammen sprühend, durch den Garten und verheerte ihn in wilder Wut, daß die schönsten Blumen und Blüten verbrannt niedersanken und ihr Jammer die Luft erfüllte.« Er wird auf die Erde verbannt und harrt dort der Erlösung aus seiner Zwitterexistenz.

Ebenfalls um die Jahrhundertmitte entwirft *Hans Christian Andersen* in seinem Märchen *Der Garten des Paradieses* elysische Gefilde der Jenseitswelt, die sich einem wißbegierigen, wagemutigen Königssohn öffnen – auf Widerruf öffnen. Der Ostwind trägt ihn dorthin.

Da strömte ein Fluß, so klar wie die Luft selbst, und die Fische waren wie Silber und Gold; purpurrote Aale, die bei jeder Biegung blaue Feuerfunken schossen, strahlten unten im Wasser, und die breiten Seerosenblätter hatten des Regenbogens Farben; die Blüte selbst war eine rotgelb brennende Flamme, der das Wasser Nahrung gab, gleichwie das Öl die Lampe ständig zum Brennen bringt. Eine feste Brücke aus Marmor, aber so kunstvoll und fein ausgehauen, als wäre sie aus Spitzen und Glasperlen, führte über das Wasser zur Insel der Glückseligkeit, wo der Garten des Paradieses blühte ... Waren es Palmenbäume oder riesengroße Wasserpflanzen, die hier wuchsen? So saftige und große Bäume hatte der Prinz nie zuvor gesehen. In langen Kränzen hingen da die wunderlichsten Schlingpflanzen, wie sie sich nur in Farben und Gold am Rande der alten Heiligenbücher abgebildet finden oder sich durch die Anfangsbuchstaben schlingen. Es waren die seltsamsten Zusammensetzungen von Vögeln, Blumen und Schnörkeln. Im Grase dicht daneben stand eine Schar Pfauen mit ausgebreiteten, strahlenden Schweifen ... Als der Prinz sie berührte, merkte er, daß es keine Tiere waren, sondern Pflanzen: es waren die großen Ampfern, die hier strahlten wie des Pfaus schöner Schweif. Löwen und Tiger sprangen gleich geschmeidigen Katzen durch die grünen Hecken, die dufteten wie die Blüten des Olivenbaums, und die Löwen und Tiger waren zahm. Es erscheint die Fee des Paradieses; ... sie nahm den Prinzen bei der Hand und führte ihn in ihr Schloß hinein, wo die Wände Farben hatten wie das prächtigste Tulpenblatt, das man gegen die Sonne hält. Die Decke selbst war eine große strahlende Blume, und je länger man in sie hinaufstarrte, desto tiefer erschien ihr Kelch.

Als er aus dem Fenster schaut, sieht er draußen den Baum der Erkenntnis, und Adam und Eva stehen daneben. Nie würde er wie Adam handeln, hatte er sich geschworen. Doch die Tabuverletzung, mit der man sich in diesem Paradiese das Wohnrecht verscherzt, ist von anderer Art: Es ist ihm verboten, dem lockenden Ruf der Fee zu folgen, und dabei ist er dem massiven Ansturm von Reiz und Verführung auf alle seine Sinne schon in der ersten Nacht nicht gewachsen, er greift mit den Händen zu – und hat alles verscherzt. Selbst der Tod weist ihn dann zurück, und nur das erbärmliche Erdenleben bleibt ihm zum Verbüßen seiner Sünde.

Eine Parabel von rigider Moral. Im-Garten-Sein, das steht hier nicht für friedvolle Teilhabe des Menschen an einer natürlichen Ordnung, sondern für ein Purgatorium, eine strenge Prüfung in Askese und Sinnenverleugnung. Andersen schwelgt und schwärmt bei der Beschreibung dieses anscheinend planlos und in wunderbarer Fülle wuchernden Paradieses in den schönsten Sehnsucht-Klischees. Die Grenzen zwischen den Naturreichen, zwischen Tieren und Pflanzen, sind fließend, selbst das Schloß scheint aus einem wunderbaren naturnahen Stoff gemacht und dem Pflanzlichen nahe verwandt. Der Mensch jedoch in seiner Begierde nach Besitz ist mit scharfer Kontur von dieser gemeinsamen Quelle alles Lebendigen getrennt, das ist seine ›Erbsünde‹.

Neben diesen märchenhaft phantastischen Gefilden, die sich gänzlich aus einer zwar fiktiven, aber immer noch möglichen Gartenrealität verflüchtigt haben, gibt es seit dem 18. Jahrhundert literarische Gärten, die vermeintlich – wenn auch nur vage und keineswegs in leicht überbrückbarer Postkutschen-Distanz – im faßbar Irdischen angelegt sind. Die Seefahrt machte es möglich. Längst wußte man, daß die Gestirne nicht um die Erde kreisen und daß die bewohnte Welt nicht am Felsen von Gibraltar endet. Die Seefahrt erweiterte Horizonte, brachte Kunde von merkwürdigen, aber durchaus noch auf diesem Planeten angesiedelten Menschen und Ereignissen. Geschichten davon, mit Phantastik angereicherte Reiseberichte, wurden ein beliebter Lesestoff. Bereits in der Spätantike hatten, wie wir sahen, diese Abenteuerfabulate um ein Körnchen Wahrheit herum die Literatur inspiriert und Gartenbeschreibungen farbig gemacht.

Zunächst ging es darum, daß ein abenteuerlustiger Mitteleuropäer, ausgesetzt oder angeschwemmt auf einer einsamen Insel, in wilder, unbefriedeter Fremde überlebt. Wie er das schafft, das hat vorerst mit Gartenbau wenig zu tun, der ja immer einen gewissen Luxus, also einen ästhetischen Mehrwert über die reine Existenzsicherung hinaus, bedeutet. Der Prototyp dieses Helden, *Robinson Crusoe*, steckte sich um die vom Schiffswrack gerettete Habe einen Palisadenzaun, elementarer Akt jeder Gartenanlage, und seine Freude über die herangewehten und zu Halmen heranwachsenden Getreidekörner mag durchaus der gehobenen Gartenlust vergleichbar sein. Doch die paradiesischen Gartenvorstellungen, denen wir bisher folgten, waren von anspruchsvollerer Art. In dem Roman *Paul et Virginie* (1788) von *Bernardin de Saint-Pierre*, einem geistigen Nachfolger Rousseaus, sehen wir abendländischen Pioniergeist in verfeinerter Form am Werke. Die sentimentale Liebesgeschichte spielt auf der Insel Mauritius, der korrupten, sittenlosen Pariser Gesellschaft wird das einfache Leben dort, in Tugend, ausgefüllt mit sinnvoller Arbeit, entgegengestellt. Der Gewährsmann des Ich-Erzählers

... ging in die nahen Waldungen, grub junge Citronen-, Orangen- und Tamarindenstämme, deren runde Krone so schön grün ist, und Dattelpalmen aus, deren Früchte eine zuckersüße Milch anfüllt, welche wie Orangenblüten duftet, und pflanzte sie am Rande ihrer Besitzung. Auch hatte er Samen von Bäumen gesäet, welche ihm schon im zweiten Jahre Blüten und Früchte tragen, wie der Agathis, um welchen rund herum, wie Krystalle um einen Kronleuchter, lange Trauben von weißen Blüten hängen; der persische Lilas, der seine leinblütenfarbenen Blumenbüschel hoch emporträgt; der Papaya, ... Außerdem hatte er Kerne und Nüsse von Catappa-, Mango-, Avogado-, Gujava-, ostindischen Brotbäumen und Jamrosen gesteckt. Die meisten dieser Bäume gewährten schon ihrem jungen Herrn Schatten und Früchte. Die fleißige Hand hatte Fruchtbarkeit selbst in die unfruchtbarsten Theile des Thals verbreitet. Verschiedene Arten von Aloe, die Fackeldistel mit ihrer Fülle gelber, rothgestreifter Blüten, die stachligen Kerzen erhoben sich auf den schwarzen Kuppen der Felsen und schienen die langen Lianen erreichen zu wollen, welche mit ihren blauen oder scharlachenen Blumen hier und da von den steilen Bergwänden herabhingen.

Diese Gewächse hatte er so geordnet, daß das Auge sie mit einem Blicke umfassen konnte. In der Mitte des Grundes hatte er die Kräuter gepflanzt, welche wenig hoch wachsen, dann die Gesträuche, darauf die mittleren Bäume, welche den Umkreis einfaßten: so daß die ganze große Besitzung, vom Mittelpunkt aus überblickt, einem Amphitheater von grünem Laube, Früchten und Blüten glich, welche Küchengewächse, Wiesen, Reis- und Getreidefelder umschloß … So wuchs jedes Gewächs an dem ihm günstigen Ort und jeder Ort erhielt von ihm seinen natürlichen Schmuck.

Abendländisches Arbeitsethos ist also in der fernen Südsee keineswegs ausgeblendet. Es gibt viel zu tun, um einen Garten Eden am andern Ende der Erde zu schaffen und zu bewirtschaften, auch wenn die Gunst des tropischen Klimas hilft und die Aufzählung exotischer Pflanzen beim Leser sowieso Vorstellungen von schlaraffenländischen Ernten hervorruft.

In den folgenden Jahrzehnten werden tropische Gärten nicht mehr mit Leistung und Arbeit in Verbindung gebracht. Paradiese schafft die Natur dort gratis, so jedenfalls schließt man aus den Reiseberichten von Captain Cook und Chevalier de Bougainville, Stevenson und all den anderen Weltumseglern, die von ›edlen Wilden‹ und freieren Gesellschaftsformen schreiben – und von einer Natur, die per se ein immerfruchtender Garten ist.

Ironisch und historisierend darf Gartenseligkeit sich auch in der Literatur dieses Jahrhunderts entfalten, wenn man nur weit genug in die Vergangenheit zurückgeht. *Thomas Mann* (in *Joseph der Ernährer)* faßt allen Luxus am Hofe des Pharao in ein Gartenbild:

Joseph trat ein. Eine Loggia empfing ihn, nicht groß genug, um den Namen Gartensaal, den man ihr gegeben, ganz zu verdienen, aber von seltener Schönheit. Gestützt von zwei Säulen, die mit farbigem Glas und funkelnden Steinen ausgelegt und von so natürlich gemaltem Weinlaub umwunden waren, daß es wie wirkliches schien, mit einem Fußboden, dessen Quadrate teils auf Delphinen reitende Kinder, teils Tintenfische zeigten, tat sich der Raum in drei großen offenen Fenstern gegen Gärten auf, deren ganze Lieblichkeit er in sich einbezog. Man sah dort leuchtende Tulipanbeete, wunderlich blühende Fremdsträucher und mit Goldstaub bestreute Wege, die zu Lotosteichen führten. Weit ging das Auge hinaus in eine Insel-, Brücken- und Kiosk-Perspektive, und empfing von dort den Blitz der Fayenceziegel, mit denen das ferne Sommerhäuschen geschmückt war.

Das Interieur dieses Gartensaals wird in all seiner Pracht genüßlich geschildert und schließlich die Mutter des jungen Pharao sowie dieser selbst, die Joseph dort empfangen.

Es gibt im 20. Jahrhundert keine verbindlichen Gartenmuster und Mustergärten mehr. Vieles wird nun möglich und akzeptabel. Erlaubt ist, was gefällt bei der Kultivierung von ungebändigter Natur zu einem in Besitz genommenen, umfriedeten, planvoll modellierten Garten – von den antikisierenden Zitaten und den Anlehnungen an barocke Regelmäßigkeit bis zur Mode der ›schönen, wilden‹, bewußt naturnahen Hausumgebungen. Der Topos ›Garten‹ jedenfalls ist zur Geschmackssache geworden und hat damit seine Symbolkraft weitgehend eingebüßt. Die Blume, der Baum, Natur als solche bleiben jedoch den Dichtern Metaphern und Bilder für Seelenzustände und Befindlichkeiten aller Art, in Dur wie in Moll. Auch das Im-Garten-Sein spendet bisweilen tröstliche, zumeist aber doch von Wehmut, Resignation, Melancholie und Zivilisationsmüdigkeit gezeichnete Bilder.

In *Hermann Hesses* Erzählung *Klingsors letzter Sommer* von 1920 wird in der ersten Szene aus den letzten Lebensmonaten eines alternden Malers ein südländischer Garten beschrieben:

Klingsor stand nach Mitternacht, von einem Nachtgang heimgekehrt, auf dem schmalen Steinbalkon seines Arbeitszimmers. Unter ihm sank tief und schwindelnd der alte Terrassengarten hinab, ein tief durchschattetes Gewühl dichter Baumwipfel, Palmen, Zedern, Kastanien, Judasbaum, Blutbuche, Eukalyptus, durchklettert von Schlingpflanzen, Lianen, Glyzinien. Über der Baumschwärze schimmerten blaßspiegelnd die großen blechernen Blätter der Sommermagnolien, riesige schneeweiße Blüten dazwischen halbgeschlossen, groß wie Menschenköpfe, bleich wie Mond und Elfenbein, von denen durchdringend und beschwingt ein inniger Zitronengeruch herüberkam. Aus unbestimmter Ferne her mit müden Schwingen kam Musik geflogen, vielleicht eine Gitarre, vielleicht ein Klavier, nicht zu unterscheiden.

In den Geflügelhöfen schrie plötzlich ein Pfau auf, zwei-und dreimal, und durchriß die waldige Nacht mit dem kurzen, bösen und hölzernen Ton seiner gepeinigten Stimme, wie wenn das Leid aller Tierwelt ungeschlacht und schrill aus der Tiefe schellte.

Glühende Bilder in einer expressiven Sprache, die den Ausschweifungen, der Lebensgier und Todessehnsucht des Malers angemessen ist. Die von weither tradierten Ingredienzien finden sich auch in diesem Garten wieder: Terrassenanlagen, Düfte und Musik – und der Pfau, eigentlich ein seltener Vogel, doch wohl von so suggestiver Bildhaftigkeit, daß er über die Jahrtausende allerorts in literarischen Gärten einherstolziert. Hier ist es bezeichnenderweise nicht die Schönheit seines Gefieders, sondern das dazu heftig kontrastierende, qualvoll häßliche Timbre seiner Stimme, das den grellen Pflanzenbildern dieses Gartens an die Seite gestellt wird.

Etwa zur selben Zeit läßt *Marcel Proust* in seinem Roman *Auf der Suche nach der verlorenen Zeit* seinen Ich-Helden »die Bilder der Erinnerung in der Wirklichkeit suchen«. Vergeblich, so sagen die letzten Sätze des ersten Bandes. Diese Wirklichkeit ist der Bois de Boulogne in Paris, also ein aus dem Utopischen der Literatur scheinbar in Zeit und Raum hineingeholter Ort. Doch die Jahre haben dieses Eden des Dichters entwirklicht, haben ihm die Farben und Düfte genommen. Malerische Stimmungsbilder werden beschworen, doch sie sind von Moll-Tönen wehmütiger Resignation begleitet. Augenblicke im Park werden gebannt, Impressionen flüchtiger Schönheit, erst das erzählende Ich und seine Du-Gestalten würden ihnen Dauer und Verläßlichkeit verleihen, wenn es das denn überhaupt gäbe. Madame Swann, Odette, Gilberte und all die anderen im Bois de Boulogne flanierenden eleganten Damen, die Gefühle des Ich-Erzählers für sie – das alles ist dahin im Strom der Zeit, vergänglich und doch so sinnenbetörend wie der florale Charme der Allée des Acacias, deren

... ringsum sich ausströmender Duft das Nahen und die Eigenart einer machtvollen, üppigen Individualität des Pflanzenreiches ahnen läßt. Dann, wenn ich näher kam, machte der Anblick ihres leichten, zierlichen Laubes von gefälliger Eleganz, kokettem Schnitt und aus dünnem Stoff, auf dem Hunderte von Blüten sich niedergelassen hatten wie geflügelte zitternde Schwärme seltener Insekten, endlich auch ihr weiblich lässiger, angenehm klingender Name mein Herz höher schlagen.

An einem Vormittag im November treibt es den Erzähler in den Park:

An den Stellen, wo die Bäume noch ihren Laubschmuck trugen, schienen sie eine stoffliche Veränderung von der Linie an zu erfahren, wo die Sonne sie traf, horizontal am Morgen und dann noch einmal einige Stunden später, wenn sie im Augenblick der beginnenden Dämmerung sich wie eine Lampe entzündete und von fernher auf das Blätterwerk einen künstlichen, sengenden Lichtschein fallen ließ und die höchsten Spitzen eines Baumes, der selbst der unverbrennliche, farblose Kandelaber seines lodernden Wipfels blieb, in Flammen zu setzen schien. Hier brannte sie die Kastanienblätter ziegelhart und klebte sie wie ein gelbes persisches Mauerwerk mit blauen Ornamenten derb auf den Himmel auf, an einer anderen Stelle löste sie sie mit den gekrümmten goldenen Fingern im Gegenteil von ihm ab. Auf einen von wildem Wein umkleideten Baum pfropfte sie, ohne daß man ihn in seiner leuchtenden Pracht deutlich erkennen konnte, in halber Höhe etwas wie einen ungeheuren Strauß roter Blüten, vielleicht eine Nelkenart, auf.

Dann sieht der Erzähler fremde Menschen, gar Automobile statt der Equipagen von einst.

Ach! In der Avenue des Acacias – in dem Myrtenhain – traf ich noch manche von ihnen an [die begehrenswerten Damen seiner Jugend], sie waren gealtert und nur noch grausige Schatten dessen, was sie einstmals waren, sie irrten umher und schienen wie verzweifelt in diesen virgilischen Bosketts nach irgend etwas zu suchen. Lange schon waren sie wieder fort, als ich die verlassenen Wege noch immer vergeblich durchwanderte.

Die Farb- und Stimmungsnuancen des dichterischen Ingeniums erhöhen eine auf dem Stadtplan von Paris lokalisierbare Örtlichkeit zu einem quasi mythischen Ort. Schon bei Jean Pauls Isola Bella kamen Zweifel auf, was ein konkreter Name bei diesem Fantasiegefilde noch zu suchen hat. Der Dichterblick sieht über Architektur und Bepflanzung hinweg in die Ferne und hat den Garten schlechthin im Auge. Der Bois de Boulogne, das könnte auch Arkadien sein oder Elysium oder der Garten der Zauberin Alcina oder der des Alkinoos.

Gegen Ende des 20. Jahrhunderts ist – in rigoroser Zerstörung aller tradierten Gartenbilder – in der Literatur so etwas wie ein Anti-Garten möglich geworden, skeptischer Gegenentwurf zu Orten, die von scheinbar dauerhafter Inbesitznahme und Kultivierung zeugen. In dem Roman *Die letzte Welt* des Österreichers *Christoph Ransmayr* (1988) hat die ungebändigte Natur das letzte Wort und holt sich alles Menschenwerk in ihre unergründlichen Ordnungen zurück, bemächtigt sich auch der für die Ewigkeit geschriebenen Dichterworte, nämlich der *Metamorphosen* des Römers *Publius Ovidius Naso*. Historisch ist, daß der berühmte Dichter in seiner Heimatstadt in Ungnade fiel und nach Tomi, einer Stadt an den äußeren Rändern der zivilisierten Welt, verbannt wurde. Trotzig hat er dort sein verfemtes Werk in die riesigen Steine seines ›Gartens‹ gemeißelt.

Ovid selbst bleibt in dem Roman geheimnisumwittert abwesend, wird gespiegelt nur in den Phantasien und phantasmatischen Erlebnissen seines Verehrers, der fiktiven Gestalt des Römers Cotta. Dieser ist auf der Spurensuche nach dem Dichter und seinem verschollenem Werk in die eiserne Stadt Tomi gelangt, von da hinauf in unwegsame Einöde zu einem Bergnest und schließlich in Ovids mutmaßliche Hütte mit jenem seltsamen dichtungsträchtigen ›Steingarten‹, der letzten und äußersten Station auf dem Weg in Realitätsverlust und Chaos. Dreimal müht sich Cotta hinauf zu jenem gespenstischen Ort, der jedes Mal ausdrücklich »Nasos Garten« genannt wird, und jedes Mal hat die menschenfeindliche Wildnis ihn ein Stück weiter zurückerobert. Einzig der Maulbeerbaum, den die fortschreitende Verwüstung ausspart, erinnert entfernt an einen bergenden Platz und setzt ein tröstliches Zeichen.

Dort, in einem hellen Winkel des Hofes, in der Kälte dieses Gebirges, zwischen Schneeresten und gefrorenen Pfützen, stand sanft und grün ein Maulbeerbaum; sein Stamm war gegen das Wild gekalkt, und der Schnee in seinem Schatten war blau gefleckt vom Saft abgefallener Beeren.

Bei seinem zweiten Besuch wird Cotta von dem in den Ruinen der halbverfallenen Hütte zurückgebliebenen, verwilderten, dem Wahnsinn nahen Diener des Dichters hinausgeführt, und

... im dahinhuschenden Licht sah Cotta Steine, Granittafeln, Menhire, Schieferplatten, Säulen und rohe, wuchtige Quader, aufrecht die einen, andere gestürzt und schon tief in die Erde gesunken, wie von einer großen Gewalt über diese Lichtung verstreut, von Flechten und Moos überwachsen, ein verfallener Skulpturengarten oder ein Friedhof. Nein, das war kein Moos, das waren keine Flechten auf den Steinen; das waren Hunderte, Tausende kleiner Nacktschnecken, ineinander verschlungen und übereinander kriechend bedeckten sie diese Steine an vielen Stellen, lange, schimmernde Polster ...

Sie waren in Nasos Garten. Der Knecht wandte sich nun einem Megalithen zu, der ihn finster überragte und goß mit einer beiläufigen Bewegung einen Essigstrahl über eine Schneckenkolonie.

Noch im gleichen Augenblick wich die Stille der Lichtung einem hohen, vielstimmigen und feinen Pfeifen, kaum lauter als das sehr ferne und in der Weite fast unhörbar gewordene Geräusch einer Windharfe, und Cotta begriff, daß dies der Lärm des Sterbens war, das Entsetzen und der Schmerz der Schnecken ... Die Schnecken wanden und krümmten sich unter der furchtbaren Wirkung der Säure und stießen zu ihrem Todespfeifen Trauben von Schaum hervor, Schaumblüten, glitzernde, winzige Blasen. Dann fielen die Tiere sterbend ab, stürzten, glitten, rannen umarmt den Stein hinab und gaben ihn frei. Und dann erschien auf einer solchen, vom Leben befreiten Stelle das Wort FEUER. Cotta sah, daß der Stein eingemeißelte Schriftzeichen trug, und der Knecht fuhr mit seinem Schneckenvernichtungswerk fort. Die Dunkelheit war erfüllt vom feinen Gesang des Schmerzes.

Eine winzige Geste des Aufhaltens, der Restauration, kaum der Rede wert – bald werden die Schnecken wieder überhandnehmen. Es sind also nicht einmal Pflanzen, die dieses Zerrbild eines Gartens und seiner Steinformationen der Natur zurückgeben, indem sie ihn mit natürlich-schönem Wildwuchs überziehen. Es ist jene widerliche molluske Invasion, die das Gartenvernichtungswerk einleitet – ein Bild von drastischer Symbolik für die Vergeblichkeit menschlicher Kulturleistungen.

In der Lyrik des 20. Jahrhundert finden sich Gärten und Gartenelemente auf vielfältige und unverbindliche, dem Paradies-Topos nicht mehr verpflichtete Weise gespiegelt. »Komm in den totgesagten Park«, beginnt *Stefan George* sein vielzitiertes Gedicht – in dem der Garten dann doch im Verlaufe der Verse unerwartet viel Tröstliches bietet. Auch *Rainer Maria Rilke* fragt in dem 17. seiner *Sonette an Orpheus* nach Tröstung in Gärten – und gibt ›orphisch‹ verschlüsselte, aber doch im ganzen ermutigende Antwort:

> Wo, in welchen immer selig bewässerten Gärten, an welchen Bäumen, aus welchen zärtlich entblätterten Blütenkelchen reifen die fremdartigen Früchte der Tröstung? Diese köstlichen, deren du eine vielleicht in der zertretenen Wiese
>
> deiner Armut findest. Von einem zum anderen Male wunderst du dich über die Größe der Frucht,

über ihr Heilsein, über die Sanftheit der Schale,
und daß sie der Leichtsinn des Vogels dir nicht vorwegnahm
    und nicht
die Eifersucht

unten des Wurms. Gibt es denn Bäume, von Engeln beflogen,
und von verborgenen langsamen Gärtnern so seltsam gezogen,
daß sie uns tragen, ohne uns zu gehören?

Haben wir niemals vermocht, wir Schatten und Schemen,
durch unser voreilig reifes und wieder welkes Benehmen
jener gelassenen Sommer Gleichmut zu stören?

In den späteren Jahrzehnten des Jahrhunderts überwiegt der
»verfallne Garten, der dunkle Abglanz vergangener Jahre«
(*Trakl*). »Tot ist der Garten, mein Atem wird schwerer ...« – dichtet *Peter Huchel*, und da ist selbst der letzte chimärische Abglanz
des Paradieses verblichen. *Eva Zeller* beginnt ein Gedicht von
Todesangst und Sterbensgewißheit: »Such Dir beizeiten ein Bild
/ das dein letztes sein soll / unseren fliederumzogenen / Garten zum Beispiel ...«

Noch immer gibt es poetische Gärten, die das lyrische Ich
nicht nur flüchtig mit einer Metapher streift, sondern in die es
für die Dauer des Gedichtes ganz einkehrt. Als Beispiel für viele sei von Georg Trakl *Der Schatten* zitiert:

Da ich heut morgen im Garten saß –
Die Bäume standen in blauer Blüh,
Voll Drosselruf und Tirili –
Sah ich meinen Schatten im Gras,

Gewaltig verzerrt, ein wunderlich Tier,
Das lag wie ein böser Traum vor mir.

Und ich ging und zitterte sehr,
Indes ein Brunnen ins Blaue sang
Und purpurn eine Knospe sprang
Und das Tier ging nebenher.

Die Gärten der Kindheit

> Der Garten ist so voll der Hoffnung
> wie die Tage der Jugend.
> *Persischer Dichter, 10. Jahrhundert*

Als Paradies, als Goldenes Zeitalter – so kann in einer individuellen Biographie in selektiver, verklärender Erinnerung die Kindheit gesehen werden. Jene erste Lebenszeit, alles, was damals gut und heil war, erscheint im Rückblick als ein ›beschlossener Garten‹ der Geborgenheit – so wie das Kindheitsalter der Menschheit, als die Erbsünde fern und die Welt noch in Ordnung war.

Das Kindsein, die Jahre vor der Zäsur der Pubertät, des Aufbruchs zu neuen Ufern und eigenen Zielen, wurde erst in der Neuzeit literaturfähig und des nachsinnenden Aufschreibens wert. So werden auch ›Gärten der Kindheit‹ von Dichtern und Schriftstellern nicht vor dem 19. Jahrhundert erinnernd beschrieben.

Außer diesen in eine Dichterbiographie eingebundenen Kindern und ihren Heimatparadiesen gibt es jedoch die Geschöpfe der Phantasie, die zu Leselust und moralischer Bildung der Jugend erdacht wurden. Alice im Wunderland, Nils Holgersson, viele der klassischen Heldinnen und Helden der Kinderliteratur geraten in einen Garten, in eine pädagogische Provinz sozusagen, in der mancherlei Bewährungs- und Mutproben auf sie warten. Auch von ihnen wird die Rede sein.

Bei *Bettina von Arnim* findet sich in ihrem Goethe gewidmeten *Tagebuch der Liebe* ein Garten, der in anschaulichen Details geschildert wird. Sie führt diesen als »Hängende Gärten der Semiramis« ein, in Anspielung auf das legendäre Vorbild wegen der Anlage in Terrassen.

Oben im ersten und höchsten Garten stand die Klosterkirche auf einem Rasenplatz, der am felsigen Boden hinab grünte und mit einem hohen Gang von Trauben umgeben war ..., links das Bienenhaus unter hohen Taxusbäumen, rechts der kleine Bienengarten, bepflanzt mit duftenden Kräutern und Nelken, aus denen die Bienen Honig saugen. ... Von dem Kirchgarten führte eine hohe Treppe, über die das

Wasser schäumend hinabstürzte, zum zweiten Garten, der rund war, mit regelmäßigen Blumenstücken ein groß Bassin umgab, in dem das Wasser sprang; hohe Pyramiden von Taxus umgaben das Bassin, sie waren mit purpurrothen Beeren übersäet, deren jede ein krystallhelles Harztröpfchen ausschwitzte; ich weiß noch alles, und dies besonders war meine Lieblingsfreude, die ersten Strahlen der Morgensonne in diesen Harzdiamanten sich spiegeln zu sehen.

Das Wasser lief aus dem Bassin unter der Erde bis zum Ende des runden Gartens, und stürzte von da wieder eine hohe Treppe hinab in den dritten Garten, der den runden Garten ganz umzog, und grad' so tief lag, daß die Wipfel seiner Bäume wie ein Meer den runden Garten umwogten. Es war so schön, wenn sie blühten, oder auch wenn die Äpfel und die Kirschen reiften, und die vollen Äste herüber streckten. Oft lag ich unter den Bäumen in der heißen Mittagssonne, und in der lautlosen Natur wo sich kein Helmchen regte, fiel die reife Frucht neben mir nieder in's hohe Gras ... Da unten sammelte sich das Wasser in einem steinernen Brunnen, der von hohen Tannen umgeben war; dann lief es noch mehrere Terrassen hinab, immer in steinerne Becken gesammelt, wo es dann unter der Erde bis zur Mauer kam, die den tiefsten alle andern umgebenden Garten einschloß ...

Komm', laß uns noch einmal die hängenden Gärten, in denen meine Kindheit einheimisch war, durchlaufen; laß Dich durch die langen Laubengänge geleiten zu dem Glockenthurm, wo ich mit leichter Mühe das Seil in Schwung brachte.

Ein mit schöner, poetischer Ausführlichkeit beschriebener herrschaftlicher Barock-Park, der zum Wohnsitz und Anwesen der Familie Brentano gehörte. Nach einigen Seiten schwärmerischer Naturseligkeit wendet sie sich dem etwas bescheideneren Gartenteil zu, der direkt ums Haus lag:

Wir hatten einen schönen Garten am Haus. Ebenmaaß und Reinlichkeit war seine Hauptzierde, an beiden Seiten liefen Spaliere hin mit ausländischen Fruchtbäumen, im mitten Gang standen diese Bäume so edel, so hoch, so frei von jedem Fehl, sie hingen ihre schlanken Äste schwertragend im Herbst an den Boden, es war so still in diesem Garten wie in einem Tempel, im Eingang waren auf beiden Seiten zwei gleichmäßige Teiche, in deren Mitte Blumeninseln waren, hohe Pappeln begränzten ihn und vermittelten die Nachbarschaft zu den Bäumen in den angränzenden Gärten. Denke doch wie es mir da erging, wie ich Deiner bewußt ward.

Deiner – der Angesprochene ist Goethe, und das schöne Refugium ist nun schon nicht mehr der Garten der Kindheit. »Warum wühlt's mir im Herzen, wenn ich mich daran erinnere«, heißt es weiter – auch die Überwältigung durch Gefühle, die nicht beherrschbare Fülle der Gedanken an den Unerreichbaren erlebt Bettina als Herangewachsene, in der Gegenwart des Tagebuchschreibens, in der Erinnerung an diesen Garten.

Theodor Fontane entsinnt sich in seinen Wanderungen durch die Mark Brandenburg der Pfaueninsel; die Sicht des Kindes und die

Reflexion des Erwachsenen sind hier, wie wohl bei allen diesen Erinnerungstexten, eine Mischung eingegangen, aus der ein Abbild der Realität dieser Gärten nicht herauszufiltern ist.

Wie ein Märchen steigt ein Bild aus meinen Kindertagen vor mir auf: ein Schloß, Palmen und Känguruhs; Papageien kreischen, Pfauen sitzen auf hoher Stange oder schlagen ein Rad; Volieren, Springbrunnen, überschattete Wiesen; Schlängelpfade, die überall hinführen und nirgends; ein rätselhaftes Eiland, eine Oase, ein Blumenteppich inmitten der Mark.

Der Maler *Ludwig Richter* schildert in seinen Lebenserinnerungen ein vergleichsweise kleinbürgerliches Kindheits-Gartenparadies:

Es stand am Ende des Gartens ein uralter Birnbaum, zwischen dessen mächtigen Ästen ich mir einen Sitz zurecht gemacht hatte. Manche Stunde verbrachte ich träumerisch in dem grünen Gezweig, um mich die zwitschernden Finken und Spatzen, mit welch letzteren ich zur Zeit der Reife die Birnen teilte, die der alte Baum in Unzahl trug. Von diesem verborgenen Aufenthalt überblickte man den ganzen Garten mit seinen Johannis- und Stachelbeersträuchern, den Reihen wild durcheinander wachsender Rosen, Feuerlilien, brennender Liebe, Lack und Levkojen, Hortensien und Eisenhut, Nelken und Fuchsschwanz – wer nennt alle ihre Namen! Dann zur Zeit die Gemüsebeete, und über die Gartenmauer hinüber die gelben Kornfelder und die fernen Höhen von Roßtal und Plauen! Das war nun mein Bereich, wo ich mich einsam oder in Gesellschaft von Spielgenossen oder tätig beim Begießen der Gurken, des Kopfsalates, der Zwiebeln und Bohnen beschäftigte.

Der französische Dichter *Alphonse de Lamartine* findet um 1860 in einer Ansprache vor einem gartenkundigen Publikum schöne, einfühlsame Worte über das Gärtnern und erinnert sich an den Garten seiner Kindheit:

Es gab dort (weil die sehr bescheidenen Vermögensverhältnisse meines Vater nichts anderes zuließen) weder weite Flächen noch üppige Schattenplätze, weder sprudelnde Brunnen noch seltene Blumen, weder früh reifende Früchte noch prächtige Pflanzen. Es gab nur einige gerade, mit rotem Sand bestreute Gartenwege, die von wilden Nelken, Veilchen und Primeln gesäumt waren und die an den Gemüsebeeten entlangführten, die die Familie mit Nahrung versorgten. Dort aber war es und nicht in den Gärten Italiens oder in denen der Besitzer großer Parks in Frankreich, Deutschland, England, wo ich die ersten und prägenden Freuden erlebt habe, welche die Natur eine Seele, eine kindliche oder jugendliche Einbildungskraft aufnehmen läßt. Ich bewohne jetzt größere und kunstvoller angelegte Gärten; aber ich habe mir eine Vorliebe für jenen allerersten bewahrt; ich halte ihn lieb und wert in seinem armseligen Mangel an Schatten, Wasser, Blumen, Früchten ... Ja, es ist in dieser ärmlichen, seit langem verlassenen und ausgestorbenen Gegend, ... es ist auf diesen schlecht geharkten Sandwegen, wo meine Augen noch immer die Schritte meiner Mutter suchen, die meiner Schwestern, früherer Freunde, alter Diener der Familie. Ich lehne mich an den Zaun gegenüber dem Haus, daß sich mit den Jahren mehr und mehr unter dem Efeu verbirgt, in den Strahlen der untergehenden Sonne, beim Summen der Insekten, beim Geräusch der Eidechsen in dem alten Gemäuer, die ich als Gäste des Gartens von damals wiederzuerkennen glaube. Und es kommt mir vor, als ob ich mich wenigstens mit ihnen über die alten Zeiten unterhalten könnte!

Auch *Karl May*, der Schöpfer eines ganzen Kosmos von multikulturellen und unsterblichen Phantasiegestalten wie Winnetou oder Kara ben Nemsi, hatte seine Wurzeln in einem sächsischen Familiengärtchen, das er in seinen Memoiren beschreibt:

Der Hof war grad so groß, daß wir fünf Kinder uns aufstellen konnten, ohne einander zu stoßen. Hieran grenzte der Garten, worin es einen Holunderstrauch, einen Apfel-, einen Pflaumenbaum und einen Wassertümpel gab, den wir als »Teich« bezeichneten. Der Holunder lieferte uns den Tee zum Schwitzen, wenn wir uns erkältet hatten ... Der Apfelbaum blühte immer sehr schön und reichlich; da wir jedoch nur zu wohl wußten, daß die Äpfel bald nach der Blüte am besten schmeckten, so war er meist schon Anfang Juni abgeerntet ...
Was den »Teich« betrifft, so war er sehr reich belebt, wenn auch nicht von Fischen, so doch von Fröschen. Die kannten wir alle einzeln, sogar an der Stimme. Es waren immer so zwischen zehn und fünfzehn. Wir fütterten sie mit Regenwürmern, Fliegen, Käfern und allerlei anderen guten Dingen, und die Frösche waren uns auch herzlich dankbar dafür. Sie kamen ans Ufer, wenn wir uns ihnen näherten. Einige ließen sich sogar anfassen und streicheln.

Im 20. Jahrhundert ist für den griechischen Dichter *Nikos Katzantzakis* der inseltypische Atrium-Garten seiner Familie auf Kreta Inbegriff von Geborgenheit, daraus schöpft er die Kraft für sein späteres Leben und Schaffen. Garten, Pflanzen, Erde und die symbiotische, den Vater ausgrenzende Nähe zur Mutter – ein Reich des Weiblichen, das den Wurzeln dieses Jungen Nahrung gab.

Was für ein Friede herrschte, wenn Vater nicht zu Hause war. Wie vergingen die Stunden schnell, glücklich, im verschlossenen Gärtchen unseres Hofes! Die Rebenlaube über dem Brunnen, ein großer Mimosenbaum in der Ecke des Hofes, der Wohlgeruch ausströmte, die Basilikumtöpfe, die Sammetblumen und der Jasmin ringsherum und die Mutter, die vor dem Fenster saß und Strümpfe strickte, Gemüse säuberte, meine kleine Schwester kämmte oder ihr das Laufen beibrachte. Und ich, auf einem Fußbänkchen kauernd, blickte sie an, hörte die Passanten draußen vor der verschlossenen Tür vorübergehen, atmete den Duft des Jasmins und den Duft der feuchten Erde, und die Welt drang in meinen Körper, die Schädelwände meines Kopfes knarrten, um sich zu weiten und alles aufzunehmen ... Und über uns stand der Mimosenbaum voller Blüten. Der ganze Hof duftete. Ich liebte die duftenden gelben Blüten dieses Baumes sehr. Meine Mutter legte sie in die Truhen zwischen die Wäsche. Meine Kindheit ist durchweht vom Duft der Mimosenblüten.

Auf der Suche nach der verlorenen Zeit, geleitet von einem Konglomerat von Empfindungen und Assoziationen, erinnert sich der Ich-Erzähler in Marcel Prousts großem Roman (Proust, »der Ich sagte, der ich aber nicht immer bin«) auch an die Gärten der Kindheit: an den eigenen der Familie und – in ausführlicher Beschreibung – an den benachbarten Park jenes legendären Monsieur Swann. Swann, der dem jungen Romanhelden mit adliger Lebensart imponiert und ihn fasziniert, zu dessen Tochter er dann in früher Liebe entbrennt, Swann, der dem ersten Band des Romans den Titel gibt (In Swanns Welt). Ein Familienspaziergang wird beschrieben, der an Monsieur Swanns Anwesen vorbeiführt, »an der weißen Einfriedung des Parks«.

Einen Augenblick blieben wir vor dem Parktor stehen. Die Fliederzeit ging ihrem Ende zu; einzelne Zweige ließen noch auf hohen grauvioletten Leuchtern die zarten Bläschen ihrer Blüten leuchten, aber in vielen Partien des Laubwerks, wo sie vor einer Woche ungefähr noch duftend aufgeschäumt waren, welkten sie jetzt als schrumpfendes, geschwärztes, hohles, trockenes, duftlos gewordenes Gekräusel dahin ... Unmittelbar vor uns führte eine mit Kapuzinerkresse eingefaßte Allee etwas aufwärts zum Schloß. Zur Rechten hingegen breitete der Park sich vollkommen eben aus. Verdunkelt durch den Schatten großer Bäume, die ihn rings umgaben, lag ein Teich, den Swanns Eltern hatten anlegen lassen; aber auch noch in seinen künstlichsten Schöpfungen hat es eben der Mensch doch stets mit der Natur zu tun; gewisse Stätten stellen immer wieder ihre Eigenherrschaft her und richten inmitten eines Parks ihre Hoheitszeichen genauso auf, wie sie es fern von jedem menschlichen Eingriff getan hätten, in einer Einsamkeit, die sich von allen Seiten her wieder lautlos um sie schließt

und ihren Bedingungen gemäß alles Menschenwerk von neuem über-
deckt. So hatte sich am Fuße der Allee, die oberhalb des künstlichen
Teiches hinlief, in zwei aus Vergißmeinnicht und Singrün geflochte-
nen Girlanden ein natürlicher zartblauer Kranz gebildet, der die ver-
schattete Stirn des Wasserbeckens umschlang, und die Iris, die ihre
Schwerter mit königlicher Gelassenheit senkte, reckte doch über dem
im feuchten Grunde verwurzelten Wasserdost und Hahnenfuß die
violett und gelb gefransten Lilienblüten ihres sumpfbeherrschenden
Zepters auf.

Worte von der Relativität allen Menschenwerks, besonders aller Gartenkunst; Worte von poetischer Bildkraft, denen jene Ein-
drücke aus der Kindheit lediglich den Anstoß zu intensivem
Eigenleben geben. Der real mögliche Horizont eines Jungen wird
bewußt zugunsten ästhetischer Ziele aufgegeben.

Auch der Kindheitsgarten von *Hans Carossa* wird seine prägen-
de Wirkung gehabt haben. Eine Schule des Sehens und Natur-
erlebens, der Leser sieht den Garten aus der Perspektive des
Kindes, erfährt fast nur, was einem vielleicht Sechs- oder Acht-
jährigen wichtig ist. Und das sind mit den Sinnen und der Fantasie auszukostende Erlebnisse, ist nachahmendes Tun.

Von den ersten hellen Märztagen an verbrachten wir alle halbwegs
heiteren freien Stunden im Garten ... Unter dem Gartenhimmel war
die Mutter ein anderes Wesen als oben in der Wohnung; ... Nur dulde-
te sie keineswegs, daß ich mich als müßiger Gast um sie herumtrieb.
Sowie das Erdreich umgegraben und in Beete geteilt war, zog sie mich
in ihren Dienst.
　　»Wir müssen uns regen«, sagte sie, »wenn wir schöne Blumen und
gutes Gemüse bekommen wollen! Ich zeige dir heute die Blumensa-
men, merke dir, wie sie aussehen! Im Herbst wirst du sie selber sammeln und unterscheiden!«
　　Neugierig betrachtete ich die papiernen, in sich geschlossenen
Hülsen, deren jede in starken Farben das Bild einer Blütenkrone über
einem Namen trug ... Es gab graubraune Kügelchen, Blättchen und
winzige vertrocknete Stäbchen; ja manche glichen schmutzigem Häck-
sel oder Schnupftabak; mit Entzücken vernahm ich, daß aus dem krau-
sen mißfarbenen Zeug die nämlichen herrlichen Blumen hervorgehen sollten, die man auf den papiernen Briefchen abgebildet sah. Das
Wort der Mutter war untrüglich, und ich gelobte meinen besten Fleiß,
damit solche Wunder entstünden. Bald, bedächtig wie die Meisterin
selbst, strich ich mit dem Finger gerade Rillen durch die schmalen
Rabatten, streute Samen hinein, schrieb Namen auf Stäbe und steckte
mit diesen die Gebiete der Arten ab.

Später lehrte sie mich die Pflänzchen auseinanderkennen, die noch so zart waren, daß die künftige Form sich eben erst andeutete ...

Als Lohn für meinen Fleiß wurde mir eines Tages in einer Gartenecke ein Stückchen Land angewiesen, darauf durfte ich bauen, was mir beliebte. Wie allen Kindern war mir der Wunsch eingeboren, mich unsichtbar zu machen, aus dunkler Sicherheit gefährlich in hellen Tag hinauszulauern, und so begehrte ich mein kleines Lehen mit lauter Gewächsen zu besetzen, die größer waren als ich selber, damit ich mich verstecken könnte wie in einem Walde. Da gab mir die Mutter Pflänzchen von Sonnenblumen und Riesenhanf, dazu türkischen Mohn, um die künftige Wildnis zu verdichten und zu färben ...

Salpiglossis oder Trompetenzunge hieß eine sehr herrliche Blume, deren Erblühungen wir wie Feste begrüßten. Der Innensamt ihrer tiefgezackten Glocken hatte die Farbe großer Nachtfalter; goldgelbe Zeichen waren wie mit feinster Feder darauf eingeschrieben ... Am Zaun stand Eisenhut, der als giftig verrufene, der aber ein Geheimnis verwahrt, nur Kindern bekannt: man braucht ihm nämlich nur seinen Helm abzunehmen und hat nun zwischen den Fingern den zierlichsten violetten Wagen, den winzige Täubchen an langen silbernen Deichseln ziehen.

Eine lyrische Reminiszenz an die Gärten der Kindheit gibt *Ricarda Huch* – auch hier sind die Ingredienzien teils kind- und spielgerecht (»Mohnpuppen; Holunderblütenküchlein; das dämonenböse Brunnenrohr«; die »Seifenblasen« und der »Spielzeugelefant«), teils aber auch Metaphern für auf immer verlorene Paradiese – und nicht nur die der Kindheit.

Schwer von Jasminduft, weht aus dunklen Gärten
Der Mittagswind:
Ich denke euer, die ihr Spielgefährten
Mir wart als Kind.

Der Tulpenbaum mit grünen Blumenbechern,
Drin Nektar quillt,
Der gute Birnbaum, der uns kleinen Zechern
Die Hand gefüllt.

Vorüber eilt man scheu dem feuchten Grunde,
Wo moosbefleckt,
Dämonenbös mit schwarzem Schlangenmunde
Der Brunnen schreckt.

Ein Ton von Bienen, die den Honig mischen,
Summt überall,
Unendlich klagt des Nachts aus Duftgebüschen
Die Nachtigall.

Ein Garten war, da blühten Georginen
Im Purpurflor
Und Sonnenblumen mit des Cherubs Mienen
Am offnen Tor.

Mohnpuppen kamen auch, die schön berockten,
Im grünen Schal,
Wenn die Holunderblütenküchlein lockten
Zu duftgem Mahl.

Der weiße Elefant verbarg im Grase
Sein Rosenohr,
Das rote Bällchen sich als Seifenblase
Im Blau verlor.

Es weht mich an, Erinnerungen trunken,
Der Mittagswind.
An alte Gärten denk ich, die versunken
Auf immer sind.

Auf diesen Gärten, die es real einmal gab und die es so nicht
mehr gibt, ruht wehmutsvoll – und meist Jahrzehnte später –
der Blick der aus dem Refugium der Geborgenheit Vertriebe-
nen. Erinnerungen an konkrete Gartenerfahrungen in der Kindheit und Vorstellungen von Urbildern des umhegten, schön
gestalteten Draußenseins verbinden sich zu literarischen Gartenszenen.

Kinder tummeln sich in der Literatur jedoch nicht nur in solchen biographisch und topographisch verifizierbaren Gärten.
In den erfundenen Geschichten um kleine Jungen und Mädchen, mit denen sich wirkliche Jungen und Mädchen lesend
identifizieren – in der sogenannten Kinderliteratur also – sind
die Türen in die Anderswelt weit offen. Dahinter geht es zumeist sehr unvernünftig und erwachsenenwidrig zu; und gerät
der kleine Protagonist, die junge Heldin in einen Garten, so sind
darin ordentliche Beete, botanisch datierbare Pflanzen und Tiere mit ›natürlichem‹ Gehabe nicht unbedingt zu erwarten. Bereits aus der Romantik gibt es Beispiele für diese Art der Kinderliteratur, in der wohl Kinder die Hauptrolle spielen, die jedoch
von Stil und komplexer Erzählstruktur her eher der Gattung
›Kunstmärchen für Erwachsene‹ zuzurechnen ist.

E. T. A. Hoffmann hat in der Erzählung Das fremde Kind sein
Kardinalthema – Gegensatz zwischen nüchterner Profanität der

Spießerwelt und Einsicht in die höhere, ›poetische‹ Bestimmung des Menschen, der nur in der Kunst aufzuheben ist – auf die Ebene Kinderwelt/Erwachsenenwelt transponiert. Da gibt es die gesellschaftliche Randexistenz einer adligen, doch verarmten Familie in einem putzigen Haus am Waldessaum. Die beiden Kinder wachsen in Freiheit und Naturverbundenheit auf und kommunizieren bei ihren Spielen im Birkenwäldchen mit dem »fremden Kind«, einem von christlichem Geist durchpulsten Elementarwesen, das die höhere Welt wesenhaft verkörpert und die Kinder in ihrer ›alternativen‹ Lebensweise festigt und bestärkt. Die »holde Gestalt« aus dem dunklen Gebüsch gesellt sich Felix und Christlieb zu wunderbaren Spielen zu: Die Kinder

... gewahrten, wie aus dem dicken Grase, aus dem wolligen Moose allerlei herrliche Blumen wie mit glänzenden Augen hervorguckten, und dazwischen funkelten Steine und kristallne Muscheln, und goldene Käferchen tanzten auf und nieder und summten leise Liedchen ... Das fremde Kind wußte so geschickt die Steine zu fügen, daß sich bald hohe Säulen erhoben, die in der Sonne funkelten wie poliertes Metall, und darüber wölbte sich ein luftiges goldenes Dach. – Nun küßte das fremde Kind die Blumen, die aus dem Boden hervorguckten, da rankten sie im süßen Gelispel in die Höhe, und, sich in holder Liebe verschlingend, bildeten sie duftende Bogengänge.

Das fremde Kind kommt wieder und wieder, und die Kinder fiebern auf jedes Zusammensein mit ihm. Einmal, »auf dem anmutigsten Platz zwischen säuselndem Gebüsch, dem Bach unfern, in einem Gezelt von hohen schlanken Lilien, glühenden Rosen und bunten Tulipanen« offenbart es ihnen seine Herkunft: Seine Mutter ist die höchste der Feenköniginnen, mit einem Thron aus lauter Diamanten,

... die aber so anzusehen sind und so herrlich duften wie Lilien, Nelken und Rosen. Sowie meine Mutter den Thron besteigt, rühren die Geister ihre goldnen Harfen, ihre kristallenen Zimbeln ... Diese Sänger sind aber schöne Vögel ... mit ganz purpurnem Gefieder, wie ihr sie wohl noch nie gesehen habt. Aber sowie die Musik losgegangen, wird alles im Palast, im Walde, im Garten laut und lebendig. Viele tausend blank geputzte Kinder tummeln sich im Jauchzen und Jubeln umher ... Bald pflücken sie goldglänzende Früchte, die so süß und herrlich schmecken wie sonst nichts auf der Erde, bald spielen sie mit zahmen Rehen ...

Dies Sinnenfest der duftenden Blumen, des berückenden Vogel-
sangs, der köstlichen Früchte und zahm spielenden Tiere ist uns
bereits aus vielen literarischen Gärten ›für Erwachsene‹ bekannt.

Über das idyllisch-idealische Utopia im Adelshäuschen bricht
aber bald das polare Böse herein in Gestalt eines »gnädigen
Herrn Onkel« und seiner in karikierter Spießbürgerlichkeit gezeichneten Familie. Im Gefolge befindet sich ein Hauslehrer, der
an standesgemäßem Schliff und an Grundkenntnis in den Wis-
senschaften nachholen soll, was in jenem Zwischenreich am
Waldrand versäumt wurde. Magister Tinte heißt er, und er vermißt »einen vernünftigen Garten mit Buchsbaum und Staketen
am Haus, so könnte man mit den Kindern in der Mittagsstunde
spazierengehen«. Fast kommt es zur Tragödie – doch die Welt
des ›fremden Kindes‹ behält das letzte Wort, auch wenn sich
dieses selbst dann aus der irdischen Sichtbarkeit in die Herzen
der Kinder zurückgezogen hat.

Auch in *Oscar Wildes* bekanntem Märchen *Der eigensüchtige Riese*
gehören die Kinder ganz auf die Seite des Guten: von Sonne
und Wärme, Frühling und Fröhlichkeit. Als der selbstsüchtige
Riese sie aus seinem Garten vertreibt und diesen mit einer dik-
ken Mauer und einer Warntafel versieht, sind die Gesetze der
Meteorologie außer Kraft gesetzt. Es bleibt Winter, und »die einzigen Leute, die sich freuten, waren der Schnee und der Frost«.
So wird der Garten vor der Vertreibung – ziemlich kurso-
risch und stereotyp – geschildert:

Es war ein großer, hübscher Garten mit weichem grünem Gras. Hier
und da auf dem Rasen standen schöne Blumen wie Sterne, und da
waren auch zwölf Pfirsichbäume, die im Frühling zartrosa und perl-
weiß blühten und im Herbst reiche Frucht trugen. Die Vögel saßen
auf den Bäumen und sangen so süß, daß die Kinder immer wieder in
ihren Spielen innehielten, um zu lauschen »Wie glücklich wir hier doch
sind!« riefen sie einander zu.

Eines Tages sind die Kinder doch wieder durch ein Loch in der
Mauer in den Garten geschlüpft

... und saßen in den Zweigen der Bäume. In jedem Baum, den er [der
Riese] sehen konnte, saß ein kleines Kind. Und die Bäume waren so
froh, die Kinder wieder bei sich zu haben, daß sie sich ganz mit Blüten bedeckt hatten und ihre Arme anmutig über den Köpfen der Kinder bewegten. Die Vögel flogen umher und zwitscherten vor Entzük-

ken, und die Blumen guckten aus dem grünen Gras hervor und lachten.

Der hartherzige Riese wird schließlich zum Philanthropen: »Ich habe viele schöne Blumen«, sagt er; »aber die allerschönsten Blumen von allen sind die Kinder.« Und der kleine Knabe, den er besonders liebt und der dann macht, daß mitten im Winter ein Baum ganz mit lieblichen weißen Blüten überschüttet ist, der Äste vergolden und Früchte versilbern kann – dieser Knabe mit den »Wundmalen der Liebe« an den Händen und Füßen geleitet den Riesen schließlich durch einen sanften Tod hinüber »in meinen Garten, in das Paradies«.

In ähnlicher Weise ist auch in *Frances Hodgson Burnetts* Erzählung *Der geheime Garten* – einem Klassiker der Kinderliteratur – der Garten und sein Zustand Spiegelbild menschlicher Verhältnisse und Befindlichkeiten. Hier sind es jedoch nicht grundsätzlich Kinder, sondern einfache, erdnahe Menschen gleich welchen Alters, die es verstehen, die Himmelskräfte, den »Zauber«, wie es heißt, die Macht der guten Gedanken zu erspüren und zu aktivieren und gleichermaßen für die Wachstumsförderung im Garten wie zur Gesundung kranker Menschenseelen und -körper einzusetzen. Auch Mary, ein kleines häßliches Geschöpf, ich-bezogen und mürrisch zu Anfang, wenn auch neugierig und lernfähig, die in einem düsteren englischen Landsitz die etwas rührselige Geschichte in Gang setzt, entpuppt sich unter der Wirkung dieser Energien zu einem Schmetterling. Und der Schloßherr und sein Sohn genesen von ihrer Hypochondrie, Melancholie, Egomanie. Es geht zwar alles scheinbar realistisch zu, Märchenzauberei ist nicht im Spiel. Aber wie das Unheile sich zum Heilen wendet und das Gute sich, trotz retardierender Momente, unaufhaltsam durchsetzt, das ist in einem weiteren Sinne märchenhaft.

Zentrum der Handlung ist jenes ausgedehnte Ensemble von ummauerten, hintereinander liegender Gärten und speziell jener *geheime Garten*, der vom Schloßherrn nach einem fatalen Unglück mit einem Tabu belegt und verlassen wurde. Von dem ersten der Gärten, den Mary betritt, heißt es:

Als sie durch das Tor hindurch war, befand sie sich in einem riesengroßen Garten mit weiten Rasenflächen und gewundenen Wegen, die am Rande sauber abgestochen waren. Da gab es Bäume und Blumenbeete und immergrüne Pflanzen und einen großen Teich mit einer alten Springbrunnenfigur in der Mitte. Aber die Blumenbeete lagen kahl und winterlich da, und der Springbrunnen zeigte kein Leben.

Märchengärten sind das jedenfalls nicht; auf ihrem Erkundungsgang sieht Mary Mieten mit Wintergemüse, Spalierobstbäume – und findet das schon jetzt, bei noch nicht gewecktem Gartenbewußtsein, »nur nützlich und nicht schön«. Sie entdeckt schließlich jenen ›verwunschenen‹ Garten und erweckt ihn heimlich und mit Hilfe ihres proletarischen, aber bewunderten Freundes zu neuem segensreichen Leben.

Sie nannten es Zauber, und tatsächlich schien es so zu sein in den nun folgenden strahlenden Monaten. Was sich da nicht alles in dem Garten ereignete! Als erstes schienen die grünen Spitzen, die aus der Erde, dem Gras, den Beeten, ja sogar aus den Ritzen der Mauer sprossen, immer zahlreicher zu werden. Aus den Trieben entwickelten sich Knospen, die sich langsam entfalteten und sich blau, gelb oder rosa färbten.

Aus den Mörtelfugen der Mauern rankten wunderschöne Kletterpflanzen. »Im Gras zeigten sich büschelweise Iris und weiße Lilien, und die Nischen und Lauben waren bald übersät mit den blauen und weißen Blüten von Rittersporn, Akelei und Glockenblumen.« Und so sah es darin in einem früheren Stadium der Renovierung aus:

Am Nachmittag war es noch lieblicher im Garten. Sie arbeiteten fleißig. Fast alles Unkraut war schon entfernt, die Rosen und Sträucher waren hochgebunden, die Erde um die Wurzeln umgegraben. Dickon hatte seinen eigenen Spaten mitgebracht und lehrte Mary, die Gartengeräte zu handhaben. Es war klar, daß ihr Garten nicht aussehen würde wie der gepflegte Garten eines Gärtners, aber aus der lieblichen Wildnis dieses Fleckchens Erde würden Blumen blühen, noch ehe der Frühling verging.

Hier wird das Preislied auf die therapeutische Wirkung der Gartenarbeit gesungen – etwas zu betulich vielleicht für unsere Zeit, aber Anfang des Jahrhunderts, beim Erscheinen des Buches, mögen Kinder noch auf diese Weise motivierbar gewesen sein. Es gab immer wieder Neuauflagen bis in die Gegenwart; das Ja-Sagen zu Natur und Natürlichkeit, auch wohl Aktivität und Durchsetzungswillen gerade eines kleinen Mädchens, und nicht zuletzt die spannend auf die Lösung und Erlösung im Garten hin erzählte Geschichte sorgen wohl auch heute noch für ein ›pädagogisch wertvolles‹ Lesevergnügen.

In Marie Luise Kaschnitz' Märchen *Der alte Garten*, einer tief-sinnigen Parabel vom rechten Umgang mit der Natur, ist Kind-Sein nicht mehr gleichbedeutend mit dem Stand der Unschuld des Im-Garten-Seins. Die Kinder begehen »Gartenfrevel«, und die Geschichte wird uns im letzten Kapitel näher beschäftigen. Sie gehören durchaus der zerstörerischen Gegenwelt zum alten Garten an und sind insofern wohl nicht als Menschenkinder, jung an Jahren, sondern als sündige, habgierige Weltkinder gemeint, die ihre Lektion im Garten erst schmerzhaft zu lernen haben.

Der englische Schriftsteller *H. G. Wells* gibt in der Erzählung *Die Tür in der Mauer* eine moderne Version der Sündenfall-geschichte. Nur ist es nicht Adam oder einer seiner Altersgenossen, sondern ein kleiner Junge, dem der selbstverschuldete Paradiesverlust widerfährt, der in London seiner Kinderfrau entkommt und durch eine grüne Tür in einer weißen Mauer in einen wunderbaren Garten gerät. Er muß diesen Augenblick im Paradies der Kindheit über Jahrzehnte mit einem Gefühl des sehnsuchtsvollen Ungenügens bezahlen.

Jenen Garten beschreibt er einem Freund, dem eigentlichen Erzähler, so:

Es lag etwas in der Luft, das heiter stimmte, das ein Gefühl von Leich-tigkeit, Glück und Wohlbefinden gab. Da war etwas, das alle Farben, was immer man anschaute, rein und vollkommen und sanft leuch-tend machte. Gleich beim Eintreten wurde man unsagbar froh, so wie man es in dieser Welt nur in seltenen Augenblicken sein kann, wenn man jung ist und voller Freude. Und alles dort war schön ...

Es gab einen langen breiten Weg mit marmorgefaßten Blumenbee-ten zu beiden Seiten, und die beiden riesigen samtenen Raubtiere [zah-me Leoparden, die er vorher schon gesehen hat] spielten dort mit ei-nem Ball ... Es war wirklich ein verwunschener Garten ... Der Himmel mag wissen, wo West-Kensington mit einmal geblieben war. Und ir-gendwie war es mir, als käme ich nach Hause ...

Es war eine Welt von anderer Art, mit einem wärmeren, durch-dringenderen und doch milderen Licht und einer sanften, klaren Hei-terkeit in der Luft und Fetzen von sonnenbestrahlten Wolken, die in der Himmelsbläue schwammen. Vor mir her lief einladend der lange breite Weg, zu beiden Seiten von gepflegten Beeten gesäumt, auf de-nen sich Blumen üppig ausbreiteten, und dazu diese beiden Panther ...

Ich erinnere mich, daß zwischen Schäften von Rittersporn breite rote Stufen in Sicht kamen, und die stiegen wir hinauf zu einer breiten schattigen Allee zwischen sehr alten Bäumen. Den ganzen Weg die Allee entlang, zwischen den rotrissigen Stämmen, gab es marmorne

Ehrensitze und Statuen und ganz zahme und zutrauliche weiße Tauben.

Eine schöne junge Frau nimmt ihn in Empfang und geleitet ihn

... zu einem Platz, dem Papageien eine heitere Note gaben, und wir gelangten durch breite schattige Kolonnaden zu einem großen kühlen Palast voll heiterer Brunnen. Und zu Kindern, ... die spielten wunderbare Spiele in einem rasenbewachsenen Hof, wo es eine Sonnenuhr aus Blumen gab. Und wir spielten miteinander und hatten uns gern.

Viermal noch in seinem Leben erscheint ihm jene geheimnisvolle Maueröffnung am Wege, doch immer ist er gerade in unaufschiebbaren Karriere- oder Liebesdingen unterwegs und meint, unmöglich den goldenen Moment nutzen zu können. In der Lebensmitte findet man ihn eines Morgens tot in einer Baugrube, er ist durch eine versehentlich ungesicherte Tür im Bauzaun in die Tiefe gestürzt. Und die Natur und Realität oder Fiktion jenes Wundergartens in der Kindheit bleibt für immer ein Geheimnis. Eine tragische Geschichte selbstverschuldeter Verlorenheit, ein Exempel für menschliches Versagen, die richtigen Prioritäten zu setzen, im rechten Moment das Wesentliche zu tun. Die Metapher der einmal und nie wieder gefundenen Gartenpforte leitet auch in Goethes Märchen *Der neue Paris* das Geschehen ein und wird uns im Kapitel »Gartenfrevel« näher beschäftigen. In ironisch-phantastischer Verfremdung wird Tragik hier vermieden.

Schließlich seien noch zwei weitere Klassiker der Kinderliteratur zitiert, die seit ihrer Erstauflage zu Anfang dieses Jahrhunderts nichts an Popularität eingebüßt haben. Wunder sind in ihnen selbstverständlich, Kinder geraten im Schlaf in eine Zauberwelt – und insofern handelt es sich nicht im engeren Sinne um Märchen, in denen das ganz Andere gleich nebenan wohnt und bei wachem Bewußtsein zu erreichen ist für Menschenkinder, die dafür bestimmt sind.

Nils Holgersson fliegt, zum Däumling geschrumpft, auf dem Rücken einer Wildgans über Schweden hinweg, sozusagen in pädagogischer Mission: *Selma Lagerlöf* hatte den Auftrag, in einem Lesebuch für Volksschulen den Kindern die schwedischen Landschaften näherzubringen. Daraus wurde die *Wunderbare Reise des kleinen Nils Holgersson mit den Wildgänsen* – Heimatkunde also, die den Status eines Welt-Bestsellers erreichte. Daß der Junge sich im Zuge all seiner erstaunlichen Erlebnisse von einem garstigen kleinen Flegel zum einsichtigen Musterknaben mausert – jedenfalls aus heutiger Sicht –, entspricht durchaus dem Muster eines ›Entwicklungsromans en miniature‹, nach dem Kinderbücher zumeist angelegt waren.

Die Provinz Södermanland liegt im Flug unter dem kleinen Nils als eine Gartenlandschaft, er kommt des Abends, als sich die Gänse zum Ruhen niedergelassen haben, zu einer Kätnerhütte, wo eine alte Frau in geselliger Runde Spukgeschichten erzählt. Eine lokale Sage berichtet von einem Herrn, dem ein Schloß mit herrlichem Garten gehörte und der darin einmal einen Arbeiter beim Graben beobachtet und ihn seufzen hört. Als er sich über die schwere Arbeit beklagt, sagt »Herr Karl«: »Ich sage dir, ich wollte ganz zufrieden sein, wenn ich mein Leben lang Södermanlands Boden umgraben dürfte!«

Herr Karl soll nach seinem Tod dann keine Ruhe im Grabe gefunden haben, weil er jede Nacht in seinem Garten graben mußte. Und mancher Wanderer habe in der Nacht das versunkene Schloß mit dem Garten erblickt.

Nils sucht sich einen Schlafplatz in den Zweigen einer Tanne und hört plötzlich das Knirschen einer eisernen Gitterpforte.

Der Junge ist im Nu wach, wischt sich den Schlaf aus den Augen und sieht sich um. Dicht neben ihm ist eine hohe Mauer, und über die Mauer schauen Obstbäume heraus, die sich unter der Last ihrer Früchte beugen ... In dem Garten da unten aber ist es hell; die Rosen und das Obst auf den Bäumen sind wie von goldenem Sonnenschein überflutet. Wie herrlich wäre es für ihn, wenn er jetzt, nachdem er so lange Zeit in Regen und Kälte umhergezogen war, auch einmal ein wenig Sonnenwärme genießen dürfte! Und das Hineinkommen in den Garten scheint überdies mit gar keiner Schwierigkeit verbunden zu sein; dicht neben der Tanne ist eine Pforte in der hohen Mauer, und ein alter Gärtner hat eben die großen Gittertüren aufgemacht. Er steht jetzt an der Pforte und späht in den Wald hinein, ganz als ob er jemand erwartete ...

Der Gärtner führt Nils durch den Garten, und dieser schaut sich aufmerksam um.

Gegen Süden und Westen beschützt ihn die Mauer, aber gegen Norden und Osten ist er von Wasser umgeben, da braucht er keine Einfriedung. Jetzt bleibt der Gärtner stehen, um eine Ranke aufzubinden, und der Junge hat Zeit, sich umzusehen. Er hat zwar in seinem Leben noch nicht viele Gärten gesehen, aber er hat das Gefühl, daß dieser hier ganz anders sei als jeder andre Garten. Für den Jungen besteht kein Zweifel, daß er in ganz altmodischer Weise angelegt sein muß, denn eine so überwältigende Menge von kleinen Hügeln und kleinen Blumenbeeten und kleinen Hecken und kleinen Rasenflecken und kleinen Gartenhäuschen sieht man jetzt nirgends mehr. Und ebenso wenig ein solches Durcheinander von kleinen Teichen und gewundenen Kanälen, wie man sie hier auf allen Seiten erblickt. Überall stehen herrliche Bäume und liebliche Blumen, und in den kleinen Kanälen ist durchsichtig klares, tiefgrünes Wasser, in dem sich alles ringsum widerspiegelt. Dem Jungen kommt es vor, als sei dies das Paradies ...

Dann geht der Gärtner wieder mit langen Schritten weiter, und der Junge läuft hinter ihm her, während er versucht, wenigstens soviel wie möglich von allen Merkwürdigkeiten zu sehen. Jetzt geht es um einen Teich herum, der etwas größer ist als die andern. Lange weiße Lusthäuschen, die Herrschaftssitzen gleichen, schimmern überall zwischen den Gebüschen und Blumengruppen hervor ...

Bis jetzt sind die beiden in dem südlichsten Teil des Gartens umhergewandert, doch nun wendet sich der Gärtner dem westlichen Teil zu. Dieser ist ganz anders angelegt. Große ebene Rasenflächen wechseln mit Erdbeerbeeten, Kohlfelder mit Stachelbeer- und Johannisbeerbüschen ab. Auch hier sind kleine Gartenhäuschen, aber die meisten sind rot angestrichen; sie sehen aus wie Bauernhäuser und sind von Hopfengärten und Kirschbäumen umgeben ...

Hierauf wandern sie miteinander im nördlichen Teil des Gartens am See entlang. Das Ufer tritt bald zurück, ragt bald ins Wasser hinein, Landzungen und Buchten, Buchten und Landzungen wechseln einander ab. Vor den Landzungen liegen kleine Inseln, die nur durch schmale Wasserarme vom Lande getrennt sind. Diese Inselchen gehören auch noch zum Garten. Sie sind mit derselben Sorgfalt angelegt wie alles übrige.

Fantasie und Wirklichkeit sind hier ineinander verwoben: Die nächtliche Traum- und Sagenwelt wird gespeist von den Bildern realer Geographie, der ›Gartenprovinz‹ Södermanland.

Nils schlüpft schließlich wieder durch die Stäbe der Gitterpforte ins Freie und hört den Gärtner hinter sich herfluchen: Er hatte dem Jungen beim Öffnen der schweren Tür seinen Spaten in die Hand drücken wollen: »Es wäre nichts weiter nötig gewesen, als daß du meinen Spaten genommen hättest, dann müßtest du hierbleiben und den Garten besorgen und ich wäre abgelöst.« Ein bekanntes Märchenmotiv: Da ist es der Fährmann, der einem anderen sein Ruder übergeben muß, um selbst vom ewigen Frondienst befreit zu sein.

Und so endet die Begegnung mit dem Gärtner und seinem Zaubergarten:

Plötzlich verblaßt die ganze Gestalt und verschwindet wie im Nebel. Und nicht nur die Gestalt, nein, auch der ganze Garten mit allen Blumen und Früchten und dem Sonnenschein verblaßt und verschwindet, und wo er gestanden hat, ist nichts andres mehr als der öde, wilde Wald.

Einige Jahrzehnte früher war ein weiterer Kinderbuch-Klassiker erschienen: *Lewis Carrolls Alice im Wunderland* – auch dies ein Buch mit intensiver Rezeptionsgeschichte bis in unsere Zeit. Auch Alice fällt im Schlaf (auf einer grünen Blumenwiese) durch den dünnen Boden der zeit- und ortsgebundenen Wirklichkeit in eine surrealistische Gegenwelt, in der sich nichts so verhält, wie es ein Mädchen gewöhnt ist, dessen Weltbild sich gerade nach den Mustern der viktorianischen Gesellschaft zu bilden im Begriff ist. Sie ist Protagonistin und Publikum zugleich in einem absurden Theater; Personen und Dinge, vor allem aber Tiere treten in völlig undurchschaubaren Sinnzusammenhängen, in ungewohnten Konstellationen auf. Und im Gegensatz zu den Helden und Heldinnen von Märchen, zumal der Volksmärchen, läßt Alice sich auf das Unbegreifliche nicht wirklich ein, sie hält sich heraus und schaut dem ver-rückten Treiben je nachdem verunsichert, amüsiert, empört, immer aber mit einer gewissen Distanz zu.

In einen Garten, der mit den herkömmlichen Gärten ihrer Zeit allenfalls noch die Rahmengestalt gemeinsam hat und in dem es ebenso wunderlich und alles andere als idyllisch zugeht wie überall sonst da unten – in diesen Garten also gelangt Alice erst im zweiten Anlauf, nachdem sie das für ihre jeweilige Umgebung notwendige Schrumpfen oder Wachsen ihres Körpers mit Hilfe bestimmter Drogen beherrscht. Denn zunächst sah es so aus:

Alice öffnete die Tür und sah, daß sie in einen engen Gang führte, nicht viel höher als ein Mausloch. Sie kniete nieder, und als sie hineinschaute, fiel ihr Blick in den schönsten Garten, den ihr euch nur denken könnt. Da hätte sie freilich gern den düstern Saal hinter sich gelassen und sich zwischen den bunten Blumenbeeten und den kühlen Springbrunnen getummelt; aber nicht einmal den Kopf bekam sie durch die Tür.

Später dann, in Miniaturgestalt, gleich nach dem ›Five-o'clock-tea‹ versucht sie es noch einmal:

»Diesmal stelle ich mich aber nicht mehr so dumm an«, sagte sie sich und nahm als erstes das goldene Schlüsselchen vom Tisch und schloß damit die Tür auf, die in den Garten hinausführte. Dann knabberte sie ein wenig an dem Pilzstückchen (das sie in ihrer Tasche verwahrt hatte), bis sie nur noch ungefähr eine Spanne groß war; ging dann den niedrigen Gang entlang – und da stand sie auch schon mitten in dem wunderschönen Garten mit seinen bunten Blumenbeeten und kühlplätschernden Springbrunnen.

Nicht weit vom Eingang stand ein hohes Rosenbäumchen, das weiße Rosen trug, doch waren drei Gärtner damit beschäftigt, sie eifrig mit roter Farbe anzumalen. Alice kam das sehr merkwürdig vor ... »Bitte, wollt ihr mir sagen«, begann Alice etwas befangen, »warum ihr die Rosen hier anmalt?« Fünf und Sieben [die Gärtner sind Spielkarten] sagten nichts und schauten nur Zwei an. Da sagte Zwei mit leiser Stimme: »Ja, das ist so, Fräulein, hierher sollte eigentlich ein roter Rosenstock kommen, und wir haben aus Versehen einen weißen eingesetzt; und wenn das die Königin erfährt, werden wir nämlich alle miteinander geköpft; und deswegen, das verstehen Sie schon, Fräulein, tun wir alles, was wir nur können, bevor sie kommt, damit –« In diesem Augenblick rief Fünf, der schon dauernd ängstlich über den Garten hingeblickt hatte: »Die Königin! Die Königin!« und sogleich warfen sich die drei Gärtner flach auf die Erde.

Die Zwei, die Fünf, die Sieben, dann die Königin und die Prinzen und Prinzessinnen, die Herzen als Schmuck tragen, die Gärtner, der ganze Hofstaat der rabiaten Königin sind Spielkarten. Und fast wäre es Alice wegen Unbotmäßigkeit und Verstoßes gegen die gänzlich sinnlos erscheinenden Regeln im Miteinander der Spielkarten und der anderen verfremdeten Utensilien in dem allgemeinen Tumult an den Kragen gegangen. Doch sie bewahrt Contenance auch in den vertracktesten und undurchschaubarsten Lebenslagen. – Und dann war doch alles nur eine der »seltsamen Geschichten«, die Alice eines späteren Tages vielleicht kleinen Kindern erzählen wird. Sie wacht auf »am Bachufer und lag mit dem Kopf ihrer Schwester im Schoß, und eine sanfte Hand strich ihr einige raschelnde Blätter aus dem Gesicht, die von einem Baum auf sie herabgeflattert waren«.

Eine »Geschichte des Traumes vom Wunderland aus alter Zeit« – so heißt es im letzten Absatz.

In Alices Traumgarten ging es in besonderem Maße und geradezu skandalös unvernünftig zu. Doch all die Gärten, in die Kinder in fiktiven Erzählzusammenhängen hineingeraten, haben Märchencharakter. Und Magie, Phantasie verwandeln auch die erinnerten Gärten der Kindheit, die uns im ersten Teil dieses Kapitels beschäftigt haben und die es durchaus einmal – in wie immer gearteten sozialen Rahmenbedingungen – hinterm Elternhaus gegeben hat, ganz sacht und kaum merklich in exklusive Horte einer Welt, wo Wunder jederzeit möglich scheinen.

Die Gärten der Erotik

Und der Liebesgott war mir in den Garten gefolgt;
er behielt mich stets im Auge, um den Pfeil loszulassen,
wie der Jäger, der zuwartet,
bis das Wild sich dem Schusse stellt.
Rosenroman

In vielen der Gartenparadiese der vorigen Kapitel lustwandelte man in Gesellschaft. Und wenn die Gesellschaft sich verlief und man in einer verschwiegenen Ecke zwischen duftenden Büschen und leuchtenden Blüten plötzlich der einen begegnete, der einzigen, die gerade zählte – um so besser. Liebesgeschichten von – je nach Zeitgeist und Temperament des Autors – mehr sentimentalem oder mehr leidenschaftlichem Charakter, sinnenfroh und unbeschwert genossen oder schuldbewußt und voller Skrupel durchlitten, bahnen sich in literarischen Gärten an. Erste Begegnungen finden auf Gartenwegen statt. Man trifft sich dort wieder, verboten oder allenfalls halblegal – wo sonst als im Draußen war früher ein Stelldichein möglich? Die vollkommene Anmut des umgebenden Blumenflors, ihr balsamischer Duft liehen Vergleiche zur Schönheit der Geliebten. Fast immer ist es der Blickwinkel des Mannes, der solche Bilder beschwört. Das nächste Mal dann fand das Rendezvous vielleicht im verführerischen Privatissimum einer Gartenlaube statt, wo man sich verabredet hatte. Die Pavillons und Gartenlauben der ›alten Gärten‹ waren jeglicher Geselligkeit, speziell aber allen vor- und außerehelichen Liebesliaisons, besonders förderlich.

Der Garten als ein syn-ästhetisches Ereignis, ein Fest aller Sinne – dafür haben die Dichter und Schriftsteller aller Zeiten, wie wir sahen, Bilder, Worte, Verse gefunden. Auch die Lust an begehrenswerten Geschöpfen des andern Geschlechts gedeiht, wenn man ihnen glauben darf, im Ambiente schöner Gärten besonders gut. Schöne Mädchen werden im Mythos in der Umgebung von Blumen, in gartenhafter Landschaft selbst für Götter unwiderstehlich: Persephone für Hades, als sie Rosen, Krokusse, Violen, Iris, Hyazinthen und Narzissen pflückte, Kreusa für Apollon, als sie an den Hängen der Akropolis von Athen Safranblüten brach. Erotisch aufgeladene Zweisamkeit schleicht sich als Motiv in viele Gartenszenen ein. In hellenistischer Zeit und im alten Rom war nicht von ungefähr Priapos zum Gott der Gärten geworden; »der letzte der Götter« nennt ihn Goethe in seinen *Römischen Elegien*. Eine zwielichtige Gestalt ist dieser Gartenwächter, der in unzüchtiger Pose dargestellt wird, sexbetont, dem Pan ähnlich, Glücksbringer, Übelabwender, Vogel- und Diebesscheuche.

Die Literatur schenkt uns diskretere Gartenbilder. Vor dem Hintergrund der Gartendarstellungen auf Grabwänden im alten Ägypten – streng formalen Anlagen, gegliedert von Bewässerungsgräben und Bassins – gewinnt eine Gartenszene Farbe und Gestalt, die in einem *Liebeslied* aus der 2. Hälfte des 2. Jahrtausends v. Chr. mit Liebessymbolik verknüpft ist. Ein Mädchen (sie bezeichnet sich als »Schwester«, eine im alten Orient gebräuchliche Titulierung für die Geliebte) beginnt jede Strophe ihres Liedes mit einem Blumennamen, dessen sinnbildliche wie auch botanische Bedeutung nicht mehr zu entschlüsseln ist. In einer Strophe bezieht sie sich auf den Garten:

Seamublumen sind in ihm! ... Ich bin deine erste Schwester. Ich bin für dich wie der Garten, den ich bepflanzt habe mit Blumen und mit allerlei süßduftenden Kräutern. Schön ist der Kanal in ihm, den deine Hand gegraben hat, bei der Kühlung des Nordwinds. Der schöne Ort, wo ich mich ergehe, wenn deine Hand auf meiner liegt und mein Herz wird satt von Freude, weil wir zusammengehen.
Vor ihnen preise ich dich gern.

Rund ein Jahrtausend später besingt der Dichter des *Hohen Liedes* im *Alten Testament* die Liebe und ihre Erfüllung – und darum geht es trotz aller Bemühung um eine rein allegorische Auslegung dieser Bibelstelle – in einem Dialog zwischen Liebenden in sinnlich-poetischen Bildern aus dem Bereich des Gartens und seiner Gaben.

Meine Schwester, liebe Braut, du bist ein verschlossener Garten, eine verschlossene Quelle, ein versiegelter Born.
Du bist gewachsen wie ein Lustgarten von Granatäpfeln mit edlen Früchten, Zyperblumen mit Narden.
Narde und Safran, Kalmus und Zimt, mit allerlei Weihrauchsträuchern, Myrrhe und Aloe, mit allen feinen Gewürzen.
Ein Gartenbrunnen bist du, ein Born lebendigen Wassers, das vom Libanon fließt.
Steh auf, Nordwind, und komm, Südwind, und wehe durch meinen Garten, daß der Duft seiner Gewürze ströme!
Mein Freund ist hinabgegangen in seinen Garten, zu den Balsambeeten, daß er weide in den Gärten und Lilien pflücke.
Mein Freund ist mein, und ich bin sein, der unter den Lilien weidet.

Gerade diese beiden frühesten Beispiele von Liebeslyrik im Gewand der Garten-Allegorik sind von Frauen angestimmt bzw. im gleichberechtigten Dialog von Mann und Frau.
Die Wohnstätten der Götter und die Gefilde der zur Seligkeit erlösten Toten wurden in den alten Hochkulturen bevorzugt als immerfruchtende, immerblühende Gärten gedacht. Daß

auch die Liebe zwischen Mann und Frau in all ihren Spielarten darin ihren Platz hatte, wurde nicht als anstößig empfunden. Die Verheißungen des *Koran* umschlossen (für dieses Männerparadies!) durchaus die Freuden der Sexualität. In der 55. Sure werden die Gartenwonnen unter schattenden Bäumen, mit üppigem Fruchtbehang, an fließenden Quellen durch die Anwesenheit von Jungfrauen gesteigert, die schön sind wie Rubine und Perlen, mit großen schwarzen Augen; in Zelten halten sie sich auf, und weder Menschen noch Dschinnen (Geister) haben sie je vorher berührt.

Von Auswüchsen dieser mohammedanischen Paradiesesvorstellungen berichtet eine Sage, die in etlichen morgen- und abendländischen Quellen überliefert ist: die *Geschichte des Alten vom Berge*. Der Weltreisende *Marco Polo* berichtet im 13. Jahrhundert von der mohammedanischen Sekte der Assassinen, deren Anführer in einem Hochtal einen herrlichen Garten anlegen ließ, und neben all den anderen Herrlichkeiten aus dem tradierten Fundus der Schlaraffenlandberichte gab es dort schöne Mädchen, die sich auf Gesang und Tanz und alle Lustbarkeiten verstanden und den Garten und die Pavillons mit Freude erfüllten. Der Fürst gab sich als Prophet und Nachfolger Mohammeds aus, ließ in gewissen Zeitabständen Jünglinge einfangen, narkotisieren und in seine Gärten zu den schönen Mädchen bringen. Es wurde ihnen suggeriert, sie seien im Paradies, nach fünf Tagen wurden sie abermals eingeschläfert und zurück vor den Fürsten gebracht. Dort erfuhren sie, sie könnten der gleichen Freuden auf Dauer teilhaftig werden, wenn sie mit blindem Gehorsam für ihn kämpfen und sterben würden. Auf diese Weise rekrutierte der Fürst sich eine Truppe von ›Helden‹, die willig ihr Leben aufs Spiel setzten, um möglichst schnell wieder ins Paradies zu kommen, und mit denen er eine weit und breit gefürchtete Schreckensherrschaft ausüben konnte.

Unschuldiger und idyllischer geht es in den Gartenszenen der hellenistischen und byzantinischen Romane zu. Wie bereits oben anläßlich des Hirtenromans *Daphnis und Chloë* anklang, war Eros mit seinen mehr oder weniger tief verwundenden Pfeilen jedoch auch dort zumeist nicht weit. *Achilles Tatius* aus Alexandria schrieb im 3. Jahrhundert n. Chr. seine Erzählung von *Leukippe und Kleitophon* nach dem populären Muster der kombinierten Liebes- und Abenteuerromane. Kleitophon, ein Jüngling aus gutem Hause, erzählt dem Autor unter Platanen am

Bach seine Geschichte. Alles beginnt in einem Garten, wo er seine Angebetete zum ersten Male trifft. Der Garten wird weitläufig beschrieben: Er ist von einer hohen Mauer umgeben, die ringsum im Innern einen Säulenportikus bildet. Ein reicher Baumbestand wird erwähnt, die Bäume haben dichtbelaubte Kronen, Efeu und Winden klimmen an den Stämmen hoch, dazwischen ist Wein angepflanzt; alles wächst üppig ineinander.

Blumen in vielen Farben zeigten ihre Schönheit, Narzissen und Rosen mit ihren Blütenkelchen gleich in der Form, aber von unterschiedlicher Farbe: die Rosen blutfarben oben und milchig hell von unten, die Narzissen dagegen wie der untere Teil der Rosen; es gab auch Veilchen in den Farben der leuchtenden Ruhe des Meeres. Mitten zwischen all diesen Blumen sprudelte eine Quelle, deren Wasser in einem rechteckigen Bassin gefaßt war; das Wasser bildete einen Spiegel für die Blumen und gab den Eindruck, als wäre der Hain zweifach vorhanden: einer wirklich, einer gespiegelt. Es gab auch Vögel, einige zahme suchten sich Futter in dem Hain, ... andere wilde flogen flügelschlagend um die Baumwipfel herum ... Ein Pfau wetteiferte mit den Blumen um die strahlendsten Farben, ein Schwan suchte sich Futter um die Quelle herum, ein Papagei hing in einem Käfig in den Zweigen des Baumes.

Der Ich-Erzähler, um die junge Dame seines Herzens mit scheinbar unverfänglichen Worten zur Liebe zu verführen, belehrt sie und zwei anwesende Begleiter über Sinn und Zweck der stolzen Vorführung des Pfaus: Er stolziere mit seinem prächtig gefiederten Schweif, um seiner Pfauendame zu gefallen. Der junge Mann ergeht sich in klugen Reden über das Thema ›Liebe in den Naturreichen‹, zwischen Pflanzen, Reptilien, selbst Wasserläufen. Und während er all diese Geschichten erzählt, schaut er das Mädchen unverwandt an, und es gibt »gewisse Hinweise, daß sie nicht ungern zuhört«. Er täuscht sich nicht, eine Liebe nimmt ihren Anfang im Garten, die allen haarsträubenden Widrigkeiten, Intrigen, Fallstricken des Schicksals, vertauschten Aphrodisiaka, Jungfrauenprobe etc. trotzt und schließlich mit einer Hochzeit endet. Uns interessiert nur die Gartenbeschreibung: die Rechtwinkligkeit, der obligate Brunnen im Zentrum, die Vögel als Boten der Sphären. Der Pfau ist ein besonders schmückendes Gartentier von umfassender und, jedenfalls in alter Zeit, durchweg positiv besetzter Symbolik in allen Kulturen Europas und Asiens (sein ausgefächerter ›augen‹-besetzter Schweif wird mit dem Himmel und seinen Gestirnen verbunden; der ›Pfauenthron‹ Persiens steht für seine sinnbildliche Gleichsetzung mit dem weltlichen Herrscher). Durch die Zeiten und noch 1500 Jahre später in Eichendorffs Gärten werden wir dem Pfau immer wieder begegnen.

Im hohen Mittelalter, im 12. bis 14. Jahrhundert, war der Garten in besonderem Maße mit dem Weiblichen verbunden. Um die Jungfrau Maria herum malte und dichtete man, wie bereits erwähnt, einen ›beschlossenen Garten‹. Auch die edlen Frauen im Bereich der Artusepik waren oft in einem Garten zu Hause, schickten von da den Ritter hinaus ins feindliche Leben, zu *aventiuren*, zu Mühsal und Gefährdung, sie empfingen ihn dort wieder und belohnten ihn mit ihrer Minne. Diese Gärten werden allenfalls erwähnt. Eine einigermaßen detaillierte Beschreibung gibt uns *Hartmann von Aue* in seinem Epos *Erec* (um 1180), fußend auf dem einige Jahrzehnte früher verfaßten altfranzösischen Epos *Erec et Enide* des *Chrestien de Troyes*, aus dem gerade die Gartenszene weitgehend übernommen wurde. Erec hat sich seine Frau Enite ritterlich erkämpft, er lebt mit ihr in inniger Liebe zusammen, muß aber in ihrer Begleitung doch noch einmal aufbrechen zu erneuter kämpferischer Bewährung. Mit der einseitigen Hinwendung zu einer geliebten Person haben sich beide schuldig gemacht, ein Läuterungsweg führt sie aus dem Banne der Zweisamkeit hin zur Einsicht ihrer Pflichten innerhalb der höfischen Gesellschaft, die von der Ritterehre geboten werden.

Es ist nicht, wie zu erwarten wäre, Enites Garten, in den die Handlung führt, sondern der des Kontrastpaares, das sich ganz ineinander verloren hat, ein Pseudo-Paradies, Menetekel am Wege von Erec und Enite. Der Garten, in dem Erec zum Schluß, ganz auf sich gestellt, seine letzte Ritterprobe bestehen muß, ist keineswegs ein Spiegelbild des Paradieses, auch wenn es zunächst so scheinen mag. Nicht Mauer noch Hecke, weder Wassergraben noch sonst etwas Greifbares hindert den Zutritt, vielmehr liegt eine Wolke darum, und der schmale Wiesenpfad, über den allein der Garten zugänglich, ist nur Eingeweihten sichtbar – ein Motiv, daß in vielfältiger Abwandlung (z.B. Früchte, die nur der Held, die Heldin pflücken kann) auch in Märchen vorkommt. Drinnen dann findet der Gast

... was / zu seinem Behagen an größter Schönheit beitragen konnte: / viele Arten von Bäumen; / die auf der einen Seite Obst trugen / und auf der anderen in / herrlicher Blüte standen; / das Herz erfreute ihm / der süße Gesang der Vögel. / Es gab nicht eine / Handbreit Erde, die kahl war; / vielmehr war sie mit / bunten Blumen bewachsen, / die süß dufteten. / Der Duft war so herrlich / vom Obst und von den Blüten, / und der Wettgesang der Vögel, / den sie ständig anstimmten, / und so prächtig der Anblick, / wer von Kummer / bedrückt wäre / und hineinkäme, / der müßte ihn vergessen ...

Doch der Schein trügt, und bereits die Einfriedung läßt keinen Zweifel: Dies ist ein Zauberort, eine magische Gegenwelt, in der mit idyllischem, geselligem Gartengenuß nicht zu rechnen ist. Als eine Art innere Umzäunung ist ein Kreis von Eichenpfählen aufgestellt, mit je einem Männerkopf bewehrt. Der eine noch freie Pfahl sei für Erecs Kopf reserviert, wird ihm bedeutet – eine makabre Form der Grundstückseinfriedung, wie sie aus orientalischen Erzählungen bekannt ist, vor allem aus dem Umkreis der Rätselprinzessin Turandot. Doch soweit kommt es nicht. Erec mißt sich im Zweikampf mit dem roten (!) Ritter Mabonagrin, der sich von seiner Liebsten in besitzbesessener Zweisamkeit in dem Garten hatte festbannen lassen so lange, bis ein Ritter ihn besiegen würde. Eine die Welt und die Gesellschaft ausschließende Form, sich in der Minne und im einzigen anderen zu verlieren, wird Erec und Enite hier in der Allegorie dieses Gartens vorgeführt. Erec besiegt den roten Ritter, der seinerseits die Last der zarten Bande, die zu eisernen Ketten wurden, nicht ungern los wird, und er besiegt damit gleichzeitig in sich selbst die Unmäßigkeit seiner Liebesbindung an Enite. Das Paar kehrt geläutert in die Artusrunde zurück

Konrad Fleck, der Autor des Versepos *Floris und Blancheflur* (1229) – auch dieses auf französische Quellen zurückgehend –, führt seine turbulente Romanhandlung durch mehrere Gärten, die er mit Anmut und Detailfreude schildert. Die beiden Kinder, die dann ein Liebespaar werden, wählen ein Baumgärtlein zum bevorzugten Aufenthalt:

> Dort sproßt' in grüner Farbe reich
> Ein Rasenfleckchen, wohlig weich
> Von Blumen überall durchglänzt,
> Von schattigen Bäumen rings umgrenzt.
> ...
> Wenn des Gekoses süße Stunden
> Ein End im Baumgärtlein gefunden,
> So eilten nach des Mahles Ruh'
> Die zwei mit Fleiß der Schule zu.

Doch bei der Idylle bleibt es nicht. Auch die Verkörperung des Bösen, der *Admiral*, ein Mann der schwarzen Magie, in dessen Gewalt Blancheflur später gerät, hat einen Garten, einen Ort abscheulicher Verirrungen: Jedes Jahr einmal wird ihm dort – nach dem Muster des Kalifen aus *1001 Nacht* – eine Jungfrau zu sexueller Lust und anschließender Tötung zugeführt aus einem Vorrat, den er in einem Turme unter Verschluß hält. Der Garten ist ganz nach dem traditionellen Paradiesmuster angelegt (und wird auch mit einem solchen verglichen), lediglich ein magischer Brunnen darin ist ungewöhnlich: Hier haben die Mädchen eine erste Jungfrauenprobe zu bestehen, sein Wasser färbt sich beim Bade, je nachdem, rot oder bleibt kristallklar.

> Schön groß der Garten ist und weit
> Und steht im Laube allezeit
> Den Sommer und den Winter lang.
> Darin tönt lieber Vöglein Sang
> So wundersüß, so rein und klar
> Und läßt nicht nach das ganze Jahr. ...
> Ihr süßer Sang erfüllt die Luft.
> Von edlen Kräutern schwebt ein Duft
> Allüberall im Garten drin,
> Daß niemals eines Menschen Sinn
> Sich Süßeres erdenken kann ...
> Schön eingepflanzt im Garten sind
> Viel Bäume ausgewählter Art.
> Von allem Obst, das jemals ward
> Und das an seinen Zweigen trug
> Jemals ein Baum, trifft dort genug
> Zu allen Jahreszeiten man.
> Der Admiral pflanzt alle an
> Und holt' aus weiter Ferne sie
> Mit großen Kosten her. ...
> Der Garten ist ummauert
> Und reich geziert mit schmucken Zinnen.
> Ringsum sieht man ein Wasser rinnen,
> Das edle Steine führt ins Land;
> Euphrates ist der Fluß genannt, ...
> Ein Baum des Gartens Mitte ziert,
> Ganz wunderherrlich ausstaffiert:
> Er ist bedeckt das ganze Jahr
> Mit roten Blüten wunderbar.

Unter diesem Baum müssen die Mädchen aus dem Turm alljährlich einen Reigen bilden, und auf welche ein rotes Blütenblatt fällt, die ist die ›Erkorene‹, die Todgeweihte also in perverser Umkehr der Paradiestopoi von Garten, Baum und Brunnen.

Der Aufenthalt im Garten ist in der Literatur, jedenfalls in der weltlichen, eine – zumeist von Glücksgefühlen begleitete – Episode. Im *Roman de la Rose* hingegen, einem altfranzösischen Versepos aus dem 13. Jahrhundert ist ein Garten dauerhafter Handlungs- und Belehrungsort. Das Thema Liebe wird in komplexer und allegorischer Weise durchgängig mit dem Topos Garten verflochten. Der Autor des Werkes, *Guillaume de Loris*, hat reichlich Gartenpersonal aufgeboten, das den jungen Dichter – im Traum – in die Liebeskunst einweisen soll: in die rechte, in der es um mehr geht als um schnelle Triebbefriedigung. Der Vollender des von Guillaume de Loris nicht fertiggestellten Werkes – noch ist die Rose nicht gepflückt – wird sich 40 Jahre später mit seiner Fortsetzung in die Niederungen von profanem Sex und Weiberverachtung begeben.

In Guillaumes umschlossenem Garten der Rose tummeln sich allerlei Kunstfiguren, sie verkörpern die Eigenschaften, die dem Eintritt in den Garten, einem »irdischen Paradies von himmlischer Schönheit«, und der Erlangung der Rose hinderlich oder förderlich sind: »Sorglosigkeit« öffnet die Pforte, »Sinnenlust« ist der Besitzer; »Heiterkeit, Geselligkeit, Aufrichtigkeit« einerseits, »Angst, Scham, Eifersucht« usw. andererseits, sie alle treten als Allegorien auf.

In dem Garten beglückt den Besucher zu allererst der Gesang der Vögel; Hirsch und Reh, Hase und Eichhörnchen grasen und springen zahm unter den Bäumen. Tanz und Flötenspiel, Gesang und Minnedichtung sublimieren die Sinnenlust. Im Zentrum den Gartens schließlich, unter einer Pinie, sieht der Jüngling den Marmorbrunnen, in dem nach dem griechischen Mythos der schöne Narziß sein eigenes Spiegelbild erblickte, in Selbstliebe dahinschmachtete, sich hineinstürzte und ertrank. Der junge Mann des Rosenromans entgeht dieser tödlichen Gefahr der Egozentrik, welche die wahre Liebe zum Du unmöglich macht: Er sieht im Brunnen das Bild der Rose, in die er sich verliebt und die er schließlich zu erringen vermag.

Die Beschreibung des Gartens folgt dem kanonischen Muster des Paradieses mit morgenländischem wie einheimischem Pflanzenbewuchs:

Die Mauern des Gartens verliefen ganz gerade und bildeten ein Viereck; Länge und Breite waren gleich. Keine nutzlosen Bäume waren im Garten zu finden, aber zwei oder mehr von allen jenen, die Früchte tragen. Da waren solche, ich erinnere mich wohl, die Granatäpfel trugen, eine vorzügliche Speise für die Kranken. Nußbäume gab es in großer Zahl ..., Mandelbäume fanden sich im Überfluß, und mancher stolze und schöne Dattelbaum war in den Garten gepflanzt. Wer es wünschte, fand auch viele gute Gewürze: Nelkenwurz, Süßholz, Körnchen des zarten Paradieskrautes, Anis, Pfeffer und manche feinen Kräuter, welche die Speisen schmackhaft machen. Es gab auch einheimische Früchte: Quitten, Pfirsiche, Kastanien, Nüsse, Äpfel und Birnen, Mispeln, weiße und schwarze Pflaumen, frische rote Kirschen, Spierlinge, Beeren und Haselnüsse. Man fand auch Olivenbäume und Zypressen, die es hierzulande nicht gibt, und Ulmen mit weitreichenden Ästen, Weißbuchen, Rotbuchen, schlanke Haselsträucher, Zitterpappeln und Eschen, Ahorne, hohe Tannen und Eichen ...

Da und dort sprudelten klare Brunnen im Schatten der Bäume; sie waren frei von Mücken und Fröschen. Ihre Zahl kann ich Euch nicht nennen. Durch kleine Bächlein ... rauschte das Wasser ins Tal und erfüllte die Luft mit lieblichem Plätschern. Am Ufer der Bächlein und Brunnen sproß Gras, niedrig und dicht. Da konnte man seine Geliebte hinlegen wie auf ein Federbett ... Außerdem verzierten Blumen den Ort, die da in Mengen blühten, jeden Tag, im Sommer und im Winter. Wunderschöne Veilchen dufteten, frisches und zartes Immergrün. Weiße, rote und gelbe Blumen leuchteten wunderbar. Zu schön war diese Landschaft, geschmückt in allen Farben mit Blumen, die einen gar feinen Duft verbreiteten ...

Und der Liebesgott war mir gefolgt; er behielt mich stets im Auge, um den Pfeil loszulassen, wie der Jäger, der zuwartet, bis das Wild sich dem Schusse stellt.

Es folgt die Beschreibung des Narziß-Brunnens: »Aus Marmor hatte die Natur in vollendeter Meisterschaft den Brunnen gehauen und unter die Pinie gestellt.« Bei aller sinnlichen Detailfreudigkeit steht hier als Warnzeichen, wie in jenem Garten des Mabonagrin bei Hartmann von Aue, die Mahnung vor der Unmäßigkeit des Genusses, der Selbstliebe, des Sich-Verlierens im Allzuirdischen.

Im späten Mittelalter und an der Wende zur Neuzeit stritten zwei polare Lebenshaltungen um die Menschenseele: ›Gott gefallen‹ und ›In-der-Welt-sein‹. In diesen Zwist wurde der Topos ›Garten‹ hineingezogen: Abglanz des Paradieses, Oase des Seelenfriedens einerseits, aber auch Ort verwerflicher Sinnenlust und heimlicher sündhafter Gelegenheiten. Für beides gibt es Beispiele in der Literatur. Den Gärten der Lichtseite, des unschuldigen Vergnügens in Gott und an seinen Werken, die uns bereits beschäftigt haben, stehen Gärten entgegen, die zum Schauplatz von Verfehlung, gar Laster und Perversität verkommen sind.

Auch für *Giovanni Boccaccio*, der uns mit einer Gartenszene aus seinem Hauptwerk *Decamerone* bereits begegnete, ist in seiner zehn Jahre früheren *Amorosa visione* die gefällig aufbereitete Natur hinter Hecken und Mauern geradezu ein Gleichnis für das durch allzu intensive Gartenlust und ›Lust im Garten‹ verspielte Seelenheil. Da geht der Held, trotz der Warnung seiner Seelengeleiterin, durch ein breites Tor in einen schönen Garten, blühend in ewigem Frühling, mit Kräutern und Blumen, einem Springbrunnen, Wiesen, mit Vögeln und zahmen Tieren und Skulpturen mythischer Gestalten – und einem schönen Mädchen, mit dem er die Liebe kennenlernt. Trotz allem ein Scheinparadies. Die enge Pforte hätte er wählen müssen, durch die wäre er auf Umwegen der Askese zum wahren Paradies eingegangen, das jenseits aller menschlichen Vorstellungen liegt, auch und gerade jenseits aller lieblichen Gartenbilder.

In den berühmten und im gebildeten Europa viel gelesenen Epen der italienischen Renaissance sind Realität und Fantastik bunt miteinander verwoben, historische und pseudohistorische Gestalten werden in Märchenabenteuer verstrickt, verbinden sich mit Zauberfrauen und anderen Jenseitsgestalten. Bereits im *Verliebten Roland* des *Boiardo* (Ende des 15. Jahrhunderts) wird der Wundergarten einer mit allen magischen Künsten vertrauten Verführerin, von bedrohlichem Fabelgetier bewacht, reisenden Männern zum Verhängnis. Das wird nun ein Topos der Literatur: Sie lauern den Männern auf, die mit dem Fischschwanz, der Sirenenstimme, den Glutaugen – an Quellen, in Grotten oder eben in einem Garten. Diese Gärten sind schön, blühend und fruchtend wie eh und je, wenn auch zumeist allzu stereotyp beschrieben. Kaum ein Detail entschlüsselt dem aufmerksamen Leser und natürlich dem fiktiven Besucher das negative Vorzeichen ihrer Paradiesnatur. Gartenanlage, Pflanzenwahl in wunderlicher oder abstruser Verkehrung des Ordnungsprinzips als Sinnbild für Überwältigung und ›unordentlichen‹ Gefühlsüberschwang, Gartenlabyrinthe als Gleichnis für Hineingezogenwerden in zerstörerische Situationen – solche Gartenfiktionen erfindet erst eine spätere Zeit.

Jene dämonischen Wesen von potenzierter Verführungsmacht

greifen schicksalhaft und folgenschwer in Lebenswege von
Männern ein; sie verkörpern Ängste vor dem Weiblichen, dem
Verschlungenwerden, der Selbstaufgabe. Die Hohe Minne der
höfischen Dichtung mit ihrer läuternden und emporziehenden
Kraft hat in der Beziehung zwischen den Geschlechtern ausge-
spielt. Diese Weibsteufelinnen herrschen in täuschend norma-
len Gärten. In dem berühmten *Orlando furioso (Der rasende Roland)* des *Ludovico Ariosto* (um 1530), auf der Insel der verführerischen Alcina, »hinter den Säulen des Herakles«, sind die Myr-
ten-, Zitronen-, Lorbeer- und Ölbäume, die Zedern, Palmen allerdings verwandelte Liebhaber. Ein Ort, »wo Amor seine Heimat hat« – ein Amor freilich, der seinen Opfern mit Pfeilen ihr
menschliches Selbst fortgeschossen und eine Pflanzenmetamor-
phose bewirkt hat. Der schönen Alcina und einigen anderen
Mädchen, die dem Dichter freizügig ihre Reize zum sprachli-
chen Auskosten offenbaren, verfallen die edlen Ritter einer nach
dem andern, sie sind zwar eigentlich auf dem Kreuzzug gegen
die Heiden, verlieren aber über Abenteuern dieser Art ihr hehres
Ziel immer wieder aus den Augen. Alcinas Inselparadies, auf
dem sie ihre Liebhaber in Bäume verwandelt, damit sie ihre
potentiellen Nachfolger nicht warnen können, sieht so aus:

> Sieh dort des sanften Lorbeers Büsche prangen!
> Und Myrten hold und Palmen rings im Hag!
> Zitronen und Orangen golden hangen
> Und Frucht und Blüten, was es geben mag;
> Der Blätter Dächer bieten Schutz: sie fangen
> Den Sonnenstrahl am heißen Sommertag,
> Und im Gezweige hüpfend läßt erschallen
> Sein schmelzend Lied ein Chor von Nachtigallen.
>
> Rotröselein und Lilie weiß der Heiden,
> Frisch in den Lüften schmeichelnden und laun,
> Sehn Hasen und Kaninchen sicher weiden
> Und Hirsche stolz und ernst auf grünen Aun.

Orlando/Roland (Neffe Karls des Großen, um den sich in der
literarischen Tradition viele Sagen und Wundergeschichten ranken), verliert vor Eifersucht und Leidenschaft zu der orientalischen Prinzessin Angelica gar den Verstand. Angelica versteht
sich in hexischer Naturverbundenheit auf Heilkräuter, etwa
Eschenwurz (wovon laut Ariost schon Äneas Hilfe kam) und
die Panazee (eine mythische Heilpflanze, die schon Achill Ge-
nesung brachte), vor allem aber eben auf Liebeszauber. Um

Roland zum Heer und zu seinem christlichen Auftrag zurück-
zubringen, ist sein Gefährte Astolfo zu einer kosmischen Such-
reise mit einem geflügelten Pferd aufgebrochen. Er gelangt, in
parodistischer Anlehnung an Dantes Jenseitsreise, zum Para-
diesberg, wo ihm Rat und Hilfe zuteil werden. Auch dort gibt
es einen Garten, und es ist nun der Evangelist Johannes, der
ihn empfängt, und amouröse Freuden sind hier aus dem üblichen Bukett der Sinnenlust ausgespart. Der Paradlescharakter
wird durch Edelstein-Vergleiche und den Topos des ewigen
Blühens und Fruchtens unterstrichen.

> Die Blumen dort auf weiten Auen schienen
> Demant und Chrysolith und Hyazinth,
> Saphir, Topase, Perlen, Gold, Rubinen,
> emporgezaubert von dem lauen Wind der Bäume Laub und Äste,
> Geschmückt mit Blüten, Früchten stets aufs beste.
> Und holde Vögel singen in den Zweigen
> Muntere Bächlein, stille Seen.

Auch *Das befreite Jerusalem*, *Torquato Tassos* wenige Jahrzehnte
später erscheinendes Hauptwerk, ist vom Enthusiasmus der
Kreuzzugsidee inspiriert, welche – dem Titel entsprechend –
die Kampfszenen und die wunderbaren Abenteuer der ritterli-
chen Helden zu Land und zur See episch zusammenhält. Rinaldo, ein junger Heißsporn von edlem Geblüte und neben
Goffredo, dem edelmütigen, unversuchbaren Vertreter der
Kreuzzugsidee, Hauptheld des Epos, gerät in die Fänge der
Magierin Armida. Sie betört ihn auf einer gartenartigen Insel
im Orontes, sie taucht aus dem Wasser auf, »... der Busen dann,
die Brüste und von ihrer / Gestalt zuletzt, was sonst die Scham
verhüllt.«

> Und aus Ligustern, Lilien und Rosen,
> Die an dem lieblichen Gestade blühten,
> erstellt sie mit neuen Zauberkünsten
> Geflochtne lose, aber zähe Ketten,
> Umwand den Hals, die Arme und die Füße,
> Und so gefesselt hielt sie ihn gefangen,
> Ließ ihn auf einen Wagen laden, während
> Er schlief, und rasch durcheilte sie den Himmel.

Sie bringt ihn auf eine Insel jenseits aller bewohnbarer Gefilde,
in einen Garten, den sie eigens für diese Gefangenschaft gezau-
bert hat: auf einem hohen Berg, bewacht von wilden Tieren,
hinter Wällen von Eis und Schnee.

Die Details dieses Gartens, in dem Rinaldo, verführt und verwöhnt, nicht an Aufbruch denkt, werden dem Leser erst später enthüllt, als Goffredo zwei Boten aussendet, ihn zu suchen und an seinen hohen christlichen Auftrag zu erinnern. Auch sie werden von einer Seelenführerin geleitet und finden Rinaldo schließlich, noch immer blumenbekränzt. Einen Schild halten sie ihm vor wie einen Spiegel:

> Er kehrt den Blick dem Glanz des Schildes zu
> Und sieht im Spiegel, was aus ihm geworden,
> Wie weichlich er geputzt ist, wie die Haare
> Und die Gewänder nichts als Wollust atmen.

Der Mann, der Ritter zumal, ist für kulturstiftende, Gott wohlgefällige Taten bestimmt; das Weib hält ihn mit Ränken und Listen und sündigen Lüsten, für die sie seine Mittäterschaft braucht, davon ab. Und der Garten wird diesem triebhaften Schattenbereich zugeordnet. Ein scheinbar undurchdringliches Labyrinth gilt es nach allen Widrigkeiten und Gefahren zu überwinden, ehe die beiden Boten ins Zentrum zu jenem Garten und damit zu Rinaldo gelangen.

> Nach dem gewundnen Pfad erschloß sich ihnen
> ein schöner Garten heitern Anblicks: Wasser,
> Gestaut zu Teichen, eilende Kristalle
> Und vielgestaltig Pflanzen, Bäume, Kräuter,
> Besonnte Hügel, Schattenmulden, Wälder
> Und Grotten bieten einem Blick sich dar.
> Und, was den Reiz und Wert erhöht: daß alles
> Die Kunst geschaffen, wirst du nicht gewahr.
> ...
> Ein Werk der Zaubrin ist sogar die Luft,
> Die Luft, die alle Bäume blühen läßt:
> Mit ew'gen Früchten währen ew'ge Blüten;
> Die einen reifen, da die andern knospen.
> Die eine Feige wächst, es schrumpft die andre
> An einem Stamm und unter einem Blattwerk.
> An einem Zweige hangen, goldumkleidet
> Und grün, der reife und der junge Apfel.
> Hoch windet sich und üppig schießt empor
> Am offenen Sonnenhang die krumme Rebe.
> Hier trägt sie zarte Blüten, Trauben dort
> Wie Gold und Purpur, schon von Nektar trächtig.
> Verliebte Töne singen um die Wette
> Anmut'ge Vögel in dem grünen Laubwerk

Vögel fehlen niemals in Gartenparadies-Beschreibungen. Neu ist hier jedoch, daß einer mit rotem Schnabel und buntem Federkleid von der Liebe singt, das Knospen und Verblühen einer Rose mit dem Menschenleben vergleicht und zum »Carpe diem!« ermuntert:

> So schwindet hin im Schwinden eines Tages
> Des Menschenlebens Jugendgrün und -blüte.
> Und ob der Wonnemond auch wiederkehre,
> Es grünt nicht mehr und niemals blüht es wieder.
> Laßt uns am schönen Morgen dieses Tages,
> Der bald den Glanz verliert, die Rose pflücken,
> Der Liebe Rose pflücken, laßt uns lieben,
> Solange Liebe Liebe noch erwidert.

Die beiden Boten überraschen Rinaldo und die Zauberin bei eben diesem sentimentalisch-wollüstig ausgemalten Tun. Ihre Vorhaltungen (»Wer Ruhm begehrt und wer zu Christus betet, / Ringt jetzt auf syrischem Gebiet in Waffen!«) treffen bei Rinaldo auf offene Ohren, die Gartenzeit, die Episode individueller Hingabe an ›Natur‹ und ›Weib‹, ist vorbei, Schloß und Garten lösen sich in Nichts auf. Rinaldo ermannt sich und tut künftig, was seinem Geschlecht, seinem Stande geziemt.

Die Helden dieser Epen, derjenigen der Ritterwelt und derjenigen, die noch aus deren Stoff- und Ideenfundus zehren, sind – wenn es darauf ankommt – in zwei Welten zu Hause: in einer wohl fiktiven, aber doch diesseitigen, oft pseudo-historischen; Abstecher, Einbrüche in die Welt der Märchen, der Wunder, sind jedoch jederzeit möglich. Und die Gärten gehören, wie wir sahen, diesem utopisch-zauberhaften Bereich an, auch wenn ihnen das selbst ein argwöhnischer Besucher nicht ohne weiteres anmerkt – so sehr entsprechen sie als Ensemble und Gesamtkunstwerk den durch die Tradition geheiligten Projektionen menschlicher Paradiesträume.

Daneben drängt ein anderes Genre der Literatur in die Schriftlichkeit mit Geschichten, Lebensläufen unheroischen Zuschnitts. Rückgriffe auf die Volksbücher liefern Stoff: Schwänke, tolldreiste Begebenheiten, in denen das Lächerliche, allenfalls das Böse, nicht aber Zauberei und Magie in die Alltagswelt einbrechen.

In *Geoffrey Chaucers Canterbury Tales* (um 1480) erzählen sich dreißig Pilger am Grabe von Thomas Becket Geschichten solcher Art, in denen der kunstvoll gefügte Reim eine gewisse ästhetische Distanz zu den mehr oder weniger deftigen, frivolen Geschehnissen schafft. Garten und verbotene Erotik, das bleibt auch hier ein beliebtes Motivgespann.

In der *Erzählung des Gutsherrn* geht es um die Verführbarkeit von Ehefrauen: Bei einer Gartengesellschaft verliebt sich ein Jüngling in die Hausherrin. Die schwelgerische Beschreibung des elysischen Ambientes täuscht hinweg über eine etwas unspezifische Detailarmut der Gartenanlage.

> Und eines Tages in der Morgenzeit
> Ging man in einen Garten, nicht gar weit,
> Wo man für Speiß' und Trank schon mit Bedacht
> gesorgt, und alles wohl zurechtgemacht,
> Den ganzen Tag zu weihn der Freud und Lust,
> Es war im Mai der sechste Morgen just,
> Und Maienregen hatte sanft gemalt
> Den Garten, der in Laub und Blüten strahlt.
> Auch hatten Menschenhände so geschickt
> Und sorglich diesen Garten ausgeschmückt,
> Daß nie ein andrer war von solchem Preis:
> Es wäre einzig dann das Paradeis.
> Der Blumen Duft, des Anblicks frische Pracht
> Er hätte jedes Herz wohl leicht gemacht.

Auch ein nur scheinbar heimliches Stelldichein von Herrin und Jüngling, tatsächlich vom Ehemann selbst als Tugendprobe inszeniert, findet dann im Garten statt.

In einem anderen Kapitel der *Canterbury Tales*, der *Erzählung des Kaufmanns*, freit ein betagter Ritter ein junges Weib; auch hier geht es um die eheliche Treue der Frauen, allerdings unter extremen Bedingungen. Von dem ›goldenen Käfig‹, in dem der Alte seine junge Frau in Gewahrsam hält, heißt es:

> So unter anderm köstlichem besaß
> Er einen Garten, rings umhegt mit Steinen,
> So schön wüßt' auf der ganzen Welt ich keinen.
> Auch zweifl' ich, ob Priap, wiewohl die Alten
> Ihn für der Gärten Schutzgott doch gehalten,
> Ob ihm die Schönheit all zu schildern glückte,
> Die diesen Garten und die Quelle schmückte,
> Die unter immergrünem Lorbeer floß.

Götter und Feen tummeln sich darin, marginale Erscheinungen, die sich nicht ernstlich in menschliche Schicksalsläufe einmischen. Allerdings streiten sie und tragen Wetten aus hinsichtlich der Tugend der Frauen. Zu dem Garten hat nur der ältliche Besitzer das das silberne Schlüsselchen, nur sein Weib darf ihn begleiten, »... Und was er nicht daheim gethan bei Nacht, / Das hat im Garten eifrigst er vollbracht.« Natürlich hat sie einen jungen Liebhaber, der Gartenschlüssel wird nach einem Wachsabdruck kopiert – eine listige, lüsterne Geschichte, die dann doch mit dem Triumph des Ehemannes endet.

Diebstahl geistigen Eigentums – das war bis in unsere Zeit eine abwegige Vorstellung. Eine bekannte Geschichte mit neuen Nuancen, in etwas verschobener Beleuchtung, das war für Leser ergötzlich und für Dichter erlaubt. So finden wir die Geschichte von dem alten gehörnten Gartenliebhaber und der jungen Frau 300 Jahre später in *Christoph Martin Wielands* Verserzählung *Oberon* als Binnengeschichte, Exempel für die Lasterhaftigkeit der Weiber und Anstoß für den Wettstreit zwischen dem Götterpaar Titania und Oberon um den Beweis, daß es reine und beständige Liebe unter den Menschen gäbe. Und so haben wir uns den Garten vorzustellen, in dem der eingeschleuste junge Liebhaber sein Schäferstündchen erwartet, auf einem Birnbaum ...

> ... mit stufengleichen Ästen,
> Der, an der Rasenbank im Garten, wo sich, rund
> Um einen Marmorbrunnen, Hecken
> Von Myrten ziehn, hoch überhangend stund,
> Den Schattensitz vor Sonnenglut zu decken.
> Zu diesem anmuthsvollen Ort,
> Den laue Lüftchen stets umfliegen,
> Pflegt oft, zur Sommerszeit, wenn alles lechzt und dorrt,
> Mit seinem Weibchen sich der Alte zu verfügen,
> Um an des Brunnens kühlem Bord,
> Ein Stündchen oder zwey auf ihrem Schoß zu liegen –
> Zum Garten hat jedoch den Schlüssel er allein,
> Und außer ihm und ihr kam keine Seel' hinein,
> ...

... nur zu dieser speziellen Gelegenheit eben jener junge Liebhaber – dafür hat die lebens- und liebeshungrige Rosette vorher gesorgt.

Doch das Paar im Zentrum des Geschehens, das durch alle Bewährungsproben treu zueinander steht – und so Titania ihre Wette gewinnen hilft –, bilden der Ritter Hüon (auch er ein Vasalle Karls des Großen) und die Kalifentochter Rezia, die er auf einer abenteuerlichen Mission in Bagdad kennengelernt hat. Es folgen Versuchung, Sündenfall, Läuterung bei einem Eremiten (Gärtner aus Überzeugung und Weltflucht, von dem bereits die Rede war), Trennung und Gefangenschaft bei einem anderen orientalischen Potentaten, der Rezia zum Weibe begehrt. Hüon schleicht sich als Gärtner in den Harem, um seiner Liebsten nahe zu sein und um das Schlimmste zu verhindern.

> Doch darf sich in den Gärten und Terrassen
> Nach Sonnenuntergang nichts männlichs sehen lassen.
> Die Damen pflegen dann, beym sanften Mondesglanz
> Bald paarweis', bald in kleinen Rotten
> Die blühenden Alleen zu durchtrotten.

Rezia, jetzt nach der Taufe Amanda, ist dort gefangen, Hüon als »der schönste Jüngling in einem Gärtnerhemde« sieht sie »im frischen Duft der Pomeranzenhaine«. Doch auch die Sultanin begehrt ihn. Sie versteht sich übrigens auf die Blumensprache, über deren Wert als heimliches Zeichensystem im Harem zu Wielands Zeiten in Europa lüstern-fantastische Vorstellungen kursierten. Bücher zur Entschlüsselung des floralen Codes wurden, zumal in England und Frankreich, geschrieben und entfachten eine sentimentale Mode amouröser Kommunikation.

Opulente Gärten mit plätschernden Brunnen und darin glutäugige, verführerische Odalisken, verschleiert zwar, aber bereit, die Schleier zu lüften – seit der französische Orientkenner Galland um 1700 die ersten Geschichten aus der umfangreichen Sammlung der *1001 Nächte* übersetzt und damit für Europa entdeckt hatte, beflügelten solche Bilder die Phantasie der Europäer und bestimmten ihr Orientbild. Tatsächlich spielen einige der freizügig erzählten Liebesszenen in einem Garten, wenn auch – gemessen an den Tausenden von Seiten – längst nicht so viele, wie der Ruf der Sammlung es erwarten läßt.

In der 499. Nacht erzählt Scheherazade dem frauenhassenden Sultan die *Geschichte von Dschanschâh*, einem Märchenhelden von königlichem Geblüt:

Der war nach abenteuerreichem Unterwegssein in ein Bergschloß mit allen Attributen der Jenseitswelt gelangt. Der Vogelkönig ist sein Gastgeber und Mentor, und als dieser dem Schloß den Rücken kehrt und Dschanschâh mit der zeitweiligen Schlüsselgewalt betraut, öffnet er die mit einem Tabu belegte Tür. Sie führt jedoch nicht, wie aus europäischen Märchen des »Blau-bart«-Typs bekannt, in einen von traumatischen Schreckens-bildern besetzten Innenraum, sondern ins Freie in einen Gar-ten.

Und er sah in ihm einen großen Teich, neben dem sich ein kleiner Pavillon befand, der aus Gold und Silber und Kristall erbaut war; sei-ne Fenster waren mit Rubinen ausgelegt, und sein Boden war mit grü-nen Chrysolithen, Ballasrubinen, Smaragden und anderen Edelstei-nen gepflastert, die marmorartig verästelt waren. Inmitten jenes Pa-villons stand ein Springbrunnen, mit einem goldenen Becken voll Wassers, umgeben von allerlei Tieren und Vögeln, die aus Gold und Silber kunstvoll gearbeitet waren und aus denen das Wasser hervor-strömte. Und wenn der laue Wind wehte, so drang er in ihre Ohren ein, und alle die Gestalten begannen zu flöten, jede in ihrer eigenen Weise ... Ferner erblickte Dschanschâh rings um jenen Pavillon einen großen Garten. Dort sah er Fruchtbäume sprießen und Bächlein flie-ßen, und nahe bei ihm Beete mit Rosen und Basilien, Eglantinen und allerlei anderen duftenden Blumen; und wenn die Winde durch die Bäume säuselten, so wiegten sich ihre Äste hin und her.

Er setzt sich vor den Pavillon, um die Schönheit des Ortes zu genießen.

Während er nun dasaß, schwebten plötzlich aus der Luft drei große Vögel herbei, die wie Tauben aussahen. Diese Vögel ließen sich neben dem Teiche nieder und spielten eine Weile. Darauf legten sie das Fe-derkleid, das sie trugen, ab und wurden zu drei Mädchen, schön wie Monde, die in der Welt nicht ihresgleichen hatten ... Als Dschanschâh sie erblickte, war er bezaubert durch ihre Schönheit und Anmut und das Ebenmaß ihrer Gestalten. Dann kamen sie wieder ans Ufer hinauf und lustwandelten im Garten.

Dschanschâh gesellt sich zu ihnen, sie spielen und speisen die ganze Nacht zusammen, doch am Morgen ziehen die Mädchen ihre Federkleider wieder an und fliegen davon. Die Mädchen kommen wieder. Dschanschâh raubt einer von ihnen das Fe-derkleid und kann sie damit zur Frau gewinnen. Doch so ein-fach ist es nicht, mit einer Zauberfrau verheiratet zu sein, sie fliegt ihm noch einmal davon, und er muß sich sein geflügeltes Zwitterwesen auf einer langen, episodenreichen Such- und Bewährungswanderung aus der Jenseitswelt zu dauerhaftem Glück auf die Erde holen.

Die *Erzählungen der 1001 Nächte* haben sowohl in ihren sin-nenfrohen Handlungsmotiven als auch mit den Bildern ihrer verschwenderisch ausgestatteten Innen- und Außenräume und den kunstvoll-künstlich darin sprudelnden Wassern intensiv auf die europäische Literatur des 18. und 19. Jahrhunderts eingewirkt.

Gegen Ende des 18. Jahrhunderts griff *J. K. A. Musäus* in seinen *Volksmärchen der Deutschen* – novellistisch ausfabulierte Volkssagen, Legenden, Märchenstoffe – das Thema auf: ›Ritter als Gefangener am Hofe des Sultans gibt sich als Gärtner aus‹. In der Geschichte *Melechsala* gerät der (verheiratete) Graf von Gleichen auf dem Kreuzzug in Gefangenschaft des Sultans von Kairo, schmachtet sieben Jahre in Einzelhaft in einem Turm, kann sich dann aber retten, weil der Sultan seine geliebte Tochter Melechsala mit einem Garten »im Geschmack der Abendländer« überraschen will, für dessen Anlage er eben den Ritter im Kerker ausersehen hat. Dieser versteht nichts von Gartenbau, wagt sich aber, da er nichts zu verlieren hat, an die Arbeit. Er modelt den ortsüblichen Dattelhain um in einen mitteleuropäischen Schloßpark, »nach der Weise der Franken« – also im französischen Stil –, der dann den Beifall des Sultans und seiner garten- und blumenbegeisterten Tochter findet. Doch deren Vorliebe für die neue Anlage und überhaupt für alles Fremdländische erstreckt sich bald auch auf den ›exotischen‹ Obergärtner. Um sich zu retten – und um ihre Seele in der Taufe für Christus zu gewinnen –, heiratet er sie, entflieht mit ihr und erlangt dann daheim von seiner Burg aus den päpstlichen Dispens für eine Ehe zu dritt – im dreischläfrigen Bett, das eigens angefertigt wird.

Der neuangelegte Sultansgarten verdient einen eingehenderen Besuch, denn er wird, anders als die unverbindlichen Arrangements, die wir sonst zumeist in der Literatur finden, sehr detailliert in Musäus' blumigem Stil beschrieben.

Nachdem der schattenreiche Dattelhain abgeholzt worden war, ging der Graf, ein völliger Gartendilettant, ans Werk.

Er warf bunt durcheinander, was er vorfand, machte alles anders und nichts besser. Die nutzbaren Fruchtbäume rodete er aus und pflanzte Rosmarin und Baldrian, auch ausländische Hölzer oder geruchlose Amaranten und Sammetblumen an ihre Stelle. Das gute Erdreich ließ er ausstechen und den nackten Boden mit buntfarbigem Kies überführen, welchen er sorgfältig feststampfen und ebnen ließ wie eine Dreschtenne, daß kein Gräslein darinne wurzeln konnte. Den ganzen Platz schied er in mancherlei Terrassen, die er mit einem Rasensaum umfaßte, und zwischendurch schlängelten sich wunderbar gewundene Blumenbeete in mancherlei grotesken Figuren, die in einen stinkenden Buchsbaumschnörkel ausliefen. Weil auch der Graf, vermöge seiner botanischen Unkunde, die Zeit, zu säen und zu pflanzen, nicht in Obacht nahm: so schwebte seine Gartenanstalt lange Zeit zwischen Tod und Leben ...

Die Bedenken des Sultans und seines bisherigen »Oberintendanten« angesichts des für den Orient exzentrischen Gartenkunstwerks weiß der Graf beredt zu zerstreuen: Der Sultan habe keinen arabischen, sondern einen europäischen Garten gewollt.

In Welschland aber und in den deutschen Gärten der Nürnberger reifen keine Datteln noch gedeiht daselbst das Balsamstäudlein aus Mekka ... Diese vormalige Wildnis hat der Kunst gehorcht und ist nach dem Ideal des Paradieses zu einem Lustrevier umgeschaffen worden.

Auf den Einwand, der Dattelhain habe doch gleichermaßen Schatten gespendet und für Diskretion gesorgt:

Einen undurchsichtigen Schleier, die Geheimnisse der Liebe zu bedecken, gewäret jene Laube, von Geißblatt und Efeuranken umschlungen; oder diese kühle Grotte, in welcher ein kristallener Quell aus künstlichem Felsen in ein Marmorbecken rauscht; oder jener bedeckte Gang von Weinreben am Traubengeländer; oder das mit weichem Moos gepolsterte Sofa in der ländlichen Schilfhütte am Fischteich, ohne daß diese Tempel verschwiegener Zärtlichkeit schädlichem Gewürm und schwirrenden Insekten zum Aufenthalt dienen, die wehende Luft abhalten oder die freie Aussicht behindern, wie der dumpfe Tamarindenhain tat.

Er überzeugt den Sultan und dann auch das Töchterlein, es »trat die Blume der Welt in den für sie bereiteten Garten und fand ihn völlig nach ihrem ausländischen Geschmack«.

Auch hier knüpfen sich die ersten zarten Bande im Sultansgarten über die nonverbale Blumensprache, mißverständlich zunächst, denn da muß man denselben Code verstehen, und so, wie der ›Obergärtner‹ seinen Strauß verstanden wissen will, ziemt es sich nicht im Orient.

Dieser ins Morgenland transponierte mitteleuropäische Rokoko-Garten mit seiner Eliminierung von allem, was natürlich, eingewachsen und landestypisch ist, scheint in ironischer Karikierung die Idee des Rokoko-Gartens, wie er zu Musäus' Zeiten in Mode war und fürstliche Paläste und Schlößchen zierend umgab, ad absurdum zu führen. In England und Frankreich war zur Erscheinungszeit von Musäus' *Volksmärchen* die Kritik an der Unnatur in der Gartengestaltung bereits laut und verbreitet; in Deutschland aber war Musäus – in dieser poetisch verfremdeten Form des orientalisierenden Märchens – einer der ersten, der sich in diesem Sinne äußerte.

In vielen Gärten der Geselligkeit oder der einsamen Kontemplation, die im vorigen Kapitel vorgestellt wurden, fand sich Herz zu Herzen leicht; schnell, wenige Seiten nach der Beschreibung des Elysiums, schlug der Blitz ein in die unschuldige Idylle. Es herrscht ein prekäres Gleichgewicht im Paradies. Amor und Kairos, der ›günstige Augenblick‹ – ein verwegenes Geschwisterpaar – irrlichtern mit Vorliebe zwischen Hecken und Kieswegen, bringen Unordnung auf abgezirkelte Beete und geben der Gartenlust erst den beflügelnden Schwung. Liebesbegegnungen als wichtige Handlungsmomente finden auch weiterhin in der Literatur des 19. Jahrhunderts oft in Gärten statt – und wo auch sonst wären sie leichter und unter Umgehung strenger Sitten und Etiketten unverfänglicher möglich gewesen? Eine prominente Gartenszene dieser Art, wenn auch als lapidare Regieanweisung ohne Beschreibung des Ambientes, findet sich in Schillers *Don Carlos*, 1. Akt, 1. Aufzug. In den Gärten von Aranjuez macht Carlos seiner Stiefmutter das schicksalhafte Liebesgeständnis. In Dramen auch der früheren Zeit werden Verwirrung stiftende Intrigen bevorzugt so eingefädelt, daß sich ein Er und eine Sie in unübersichtlichen nächtlichen Gartenwinkeln treffen, z.B. in Shakespeares *Maß für Maß* oder in *Figaros Hochzeit* von Mozart/Lorenzo da Ponte und schließlich, bereits in unserem Jahrhundert, in Garcia Lorcas *In seinem Garten liebt Don Perlimplín Belisa*. Der Gattung entsprechend bleibt der Garten jedoch unbeschrieben und auf eine knappe Ortsanweisung beschränkt.

Von den zahlreichen berückenden Gartenbildern des *Freiherrn von Eichendorff* sei noch eines aufgegriffen, in dem die Gestaltungselemente eines alten Parks zusammen mit seiner dämonischen Eigentümerin zum Inbild von männlichem Selbstverlust werden. In der Novelle *Das Marmorbild* gerät der Jüngling Florio (nicht zufällig sein der Flora verbundener Name!) bei einem nächtlichen Gang an einen von hohen Bäumen umgebenen Weiher und dort vor ein marmornes Venusbild, von dem er sich magisch angezogen und zugleich, von einer inneren Stimme gewarnt, in Grausen abgestoßen fühlt. Am Tage findet er an der Stelle ein Tor von Eisengittern,

... zwischen dessen zierlich vergoldeten Stäben hindurch man in einen weiten prächtigen Lustgarten hineinsehen konnte. Ein Strom von Kühle und Duft wehte den Ermüdeten erquickend daraus an. Das Tor war nicht verschlossen, er öffnete es leise und trat hinein.
Hohe Buchenhallen empfingen ihn da mit ihren feierlichen Schatten, zwischen denen goldene Vögel wie abgewehte Blüten hin und wider flatterten, während große seltsame Blumen, wie sie Florio niemals gesehen, traumhaft mit ihren gelben und roten Glocken in dem leisen Winde hin und her schwankten. Unzählige Springbrunnen plätscherten, mit vergoldeten Kugeln spielend, einförmig in der großen Einsamkeit ...
Da trat plötzlich in dem stillen Bogengange eine hohe schlanke Dame von wundersamer Schönheit zwischen den Bäumen hervor.

Die Schöne begegnet ihm in den Tagen darauf auch an anderen Orten, in fremden Gärten – Sinnenbetörung, Sinnestäuschung, teuflisches Blendwerk? Wird sie, bei einer Begegnung in ihrem Schloß, unter Blitz und Sturm zu jener Marmorstatue verwandelt? »Da erfaßte ihn ein tödliches Grauen. Denn auch die hohen Blumen in den Gefäßen fingen an, sich wie buntgefleckte bäumende Schlangen gräßlich durcheinanderzuwinden.« In höchster Verwirrung der Gefühle verläßt er die Gegend. Nachträglich erfährt er, an jener Stelle in dem verlassenen Park habe einst ein Venustempel gestanden, und der Geist der schönen Göttin übe dann und wann »an jungen sorglosen Gemütern die alte Verführung«. Florio findet seinen Seelenfrieden wieder und die Liebe eines Mädchens, »eines heiteren Engelsbildes auf dem tiefblauen Grunde des Morgenhimmels«.
Eichendorff taucht seine Gärten in ein seltsam diffuses Zwielicht: anmutig gestaltetes Menschenwerk, wenn auch mit dem Charme einer gewissen Verwilderung; Pans helles Mittagsreich – andererseits Nachtlandschaft unter schwülem, gewitterträchtigem Himmel, Ort der »wilden Erdgeister, die aus der Tiefe nach uns langen«. Ein Antiparadies von verlockender Faszination, dem schwer zu entkommen, ist man einmal hineingeraten. Selbst Pflanzen verlieren darin ihre Unschuld und werden zu seltsamen Zwitterkreaturen von morbidem Reiz.
Solche Gärten, solche Art Pflanzen haben wir bereits bei *E. T. A. Hoffmann* kennengelernt. Etwa zeitgleich zu Eichendorffs *Marmorbild* gerät der Botanikstudent Eugenius, der Held in

Hoffmanns Novelle *Datura fastuosa*, in einen fremdartigen Garten und damit in die Fänge einer adligen Verführungskünstlerin.

Ein mächtiger Zauber schien die Bäume, die Gebüsche der entferntesten verschiedensten Zonen hieher versetzt zu haben, die im buntesten Gemisch der seltsamsten Farben und Gestaltungen üppig prangten, wie dem heimatlichen Boden entsprossen. Die breiten Gänge, die den magischen Wald durchschnitten, faßten fremde Gewächse, Stauden ein, die Eugenius nur dem Namen, der Abbildung nach gekannt, und selbst Blumen, die er wohl gezogen im eignen Treibhause, erblickte er hier in einer Fülle und Vollendung, wie er sie nie geahnet. Durch den Mittelgang konnte er hinschauen bis zu einem großen runden Platz, in dessen Mitte aus einem Marmorbecken ein Triton Krystallstrahlen hoch in die Höhe spritzte. Silberpfauen stolzierten daher, Goldfasane badeten sich in dem Feuer der Abendsonne. – Nicht gar zu fern vom Tore blühte eine Datura fastuosa (schöner Stechapfel) mit ihren herrlich duftenden großen trichterförmigen Blumen, in solch glanzvoller Pracht, daß Eugenius mit Scham an die ärmliche Gestaltung dachte, die dasselbe Gewächs in seinem Garten zeigte ...
Da schwebten, wie von den Abendlüften getragen, süße Akkorde eines unbekannten Instruments aus den fernen Zaubergebüschen, und leuchtend stiegen die wunderbaren Himmelstöne einer weiblichen Stimme empor.

Das ist eine neue Seite der Botanik, lebendiger und aufregender als die Listen lateinischer Namen, auf die sich die Pflanzenwelt für den Studenten bisher reduziert hatte. Eine »Göttin der Liebe« ist die Gräfin, sie treibt Eugenius in lodernde Leidenschaft und entfremdet ihn gänzlich seiner bürgerlichen Daseinswelt. Ein finsteres, ödes Gefängnis ist ihm plötzlich sein Leben mit der 60jährigen Witwe seines Professors, die er auf ihren Wunsch hin geheiratet hat, damit die Leute nicht reden, wenn er zur wissenschaftlichen Betreuung des botanischen Gartens (eigentlich ein überdimensionales Glashaus) ein- und ausgeht. Sein ist die Bibliothek des Professors, er trägt dessen textiles Wunderwerk von einem botanisch bestickten Seidenschlafrock. Doch mit dem stillen Glück im Glashaus ist es nun vorbei. Er läßt sich auf den Zaubergarten und die Reize der Gräfin ein, nichts ist danach, wie es war, fast kommt es zu Tragik, Mord. Doch als das betörende Zwischenreich sich als Lug und Trug erweist, ist Eugenius geläutert und gereift – nicht mehr für die Professorenwitwe, sondern, ganz wie Eichendorffs Florio, für die Erwiderung der Liebe, die ihm ein einfaches, unschuldiges Mädchen entgegenbringt.

Im Garten läßt auch Hoffmann hier die dämonischen, menschenfeindlichen Kräfte ihr Unwesen treiben – wogegen in seinen anderen Novellen, wie wir sahen, die fantastisch überhöhten Gärten und Wunderpflanzen dem Zauberreich Atlantis, der wahren Heimat der Menschen, angehören.

Als Kontrast sei eine andere Garten- und Liebesszene aus der Mitte des 19. Jahrhunderts angeführt: die Kulmination und Offenbarung der über Hunderte von Romanseiten langsam wachsenden zarten Gefühle von Heinrich und Natalie in *Adalbert Stifters Nachsommer*. Der Garten steht bei Stifter für bewältigte Natur; Gartengestaltung, Gartenarbeit wird geradezu als Pädagogikum, Therapeutikum gegen Selbstsucht und Triebhaftigkeit eingesetzt. Hier jedoch, bei absichtslos-absichtsvollem Treffen in der Gartengrotte, sind Eros und Keiros im Spiel. Sorgsam ausgespart bleiben aus dem Leben der Protagonisten der jungen Generation im *Nachsommer* Verwirrung der Gefühle, Ungestüm der Leidenschaft, wie die Eltern sie leidvoll erleben mußten. Endlich aber, als die Zeit reif ist, kommt es zu einem Nebeneinander auf der verschwiegenen Steinbank in der unterkühlten Grotte, zu befreiendem Austausch von Worten und schließlich sogar zu einem Verlobungskuß – vorbehaltlich der Zustimmung der Eltern, versteht sich, die dabei geradezu kühn vorausgesetzt wird.

Heinrich, der Ich-Erzähler, geht, nach seinen morgendlichen Homer-Studien, in den Garten.

Es war ein sehr schöner Tag, keine einzige Wolke stand an dem Himmel, die Sonne schien warm auf die Blumen, daher es stille von Arbeiten und selbst vom Gesange der Vögel war ...

Ich ging neben Gebüschen und verspäteten Blumen einem Schatten zu, welcher sich mir auf einem Sandwege bot, der mit ziemlich hohen Hecken gesäumt war. Der Sandweg führte mich zu den Linden, und von diesen ging ich durch eine Überlaubung der Eppichwand zu. Ich ging an ihr entlang und trat in die Grotte des Brunnens. Ich war von der linken Seite der Wand gekommen, von welcher man beim Herannahen den schöneren Anblick der Quellnymphe hat, dafür aber das Bänkchen nicht gewahr wird, welches in der Grotte der Nymphe gegenüber angebracht ist. Als ich eingetreten war, sah ich Natalien auf dem Bänklein sitzen. Sie war sehr erschrocken, und stand auf. Ich war auch erschrocken; dennoch sah ich in ihr Angesicht. In demselben war ein Schwanken zwischen Rot und Blaß, und ihre Augen waren auf mich gerichtet. Ich sagte: »Mein Fräulein, Ihr werdet mir es glauben, wenn ich Euch sage, daß ich von dem Laubengange an der linken

Seite dieser Wand gegen die Grotte gekommen bin und Euch nicht habe sehen können, sonst wäre ich nicht eingetreten und hätte Euch nicht gestört.« Sie antwortete nichts, und sah mich noch immer an.

Nach einem langen Gespräch über die Gartenanlage:

»Die Anlage ist gemacht, daß sie das Gemüt und den Verstand erfüllet«, antwortete ich, »die grüne Wand des Eppichs schließt ruhig ab, die zwei Eichen stehen wie Wächter, und das Weiß des Steins geht sanft von dem Dunkel der Blätter und des Gartens weg.«

Dann, nach vielen Seiten und nach einer ausgiebigen Belehrung des jungen Mannes über die Natur der Steine, des Wassers, kommt es zu einem gegenseitigen Liebesgeständnis und Treueschwur und schließlich, nach langen vielen Worten, zu jenem Kuß.

Zuletzt, als die Gemüter zu einer sanfteren Ruhe zurückgekehrt waren, erhoben wir uns, um in das Haus zu gehen. Ich bot Natalien meinen Arm, den sie annahm. Ich führte sie der Eppichwand entlang, ich führte sie durch einen schönen Gang des Gartens, und wir gelangten dann in offnere freie Stellen, in denen wir eine Umsicht hatten.

So sittsam geht es in wenigen literarischen Gärten zu. Viel leichter geraten die Gefühle im die Sinne erfreuenden und stimulierenden Draußen außer Kontrolle. Und auch die Gartenpläne sind spätestens seit der Literatur der Romantik nicht mehr verbindlich, Pflanzen entziehen sich den verläßlichen botanischen Kategorien und oszillieren in Grenzbereiche hinein.

Als Schauplatz für derlei Verwilderungstendenzen wurde von den Schriftstellern seit dem 19. Jahrhundert das Glashaus, der Wintergarten entdeckt. Schwüle, stehende Luft, dschungelhaftes Wachstum, tropische Wunderblüten – idealer Nährboden auch für wuchernde Erotik. Bereits in *Der goldene Topf* von E. T. A. *Hoffmann* öffnet sich, wie gezeigt wurde, die Studierstube des Archivarius Lindhorst in ein fantastisches Zwischenreich. Auch in *Datura fastuosa* beginnt die un-natürliche Beziehung des unbedarften Studenten mit der ältlichen Witwe des Botanikprofessors in einem die windstille Idylle gleichnishaft widerspiegelnden Wintergarten. Es ist ein milder Februartag, Eugenius betrachtet

... die schönen hochroten Blüten, die die königliche Amaryllis (amaryllis reginae) entfaltete. Die Blumen, die noch in grüner Wiege schlummerten, rührten sich wie in ahnendem Träumen und trieben die saftigen Blätter empor, aber der Jasmin, die Reseda, die immerblühende Rose, der Schneeball, das Veilchen, erfüllten, ins neue blühende Leben erwacht, das Haus mit den süßesten lieblichsten Düften.

Um die Jahrhundertwende läßt *Hugo v. Hofmannsthal* in *Das Märchen der 672. Nacht* einen Kaufmannssohn mitten in Wien in ein unheimliches Zwischenreich geraten – ein Vexierbild seiner prekären Seelenlage zunehmender Entfremdung von seiner Umwelt. Sinnestäuschungen, erotische Fantasien in Verbindung mit seiner jungen, vage begehrten Dienerin locken ihn in ein Treibhaus.

Er erblickte einen offenbar zum Nachbarhaus gehörigen, sehr schön gehaltenen Gemüsegarten, dessen Hintergrund durch zwei Glashäuser und hohe Mauern gebildet wurde. Er bekam sogleich Lust, diese Glashäuser zu sehen.

Von dem Juwelier, bei dem er gerade ein Schmuckstück für jene junge Dienerin gekauft hat, wird er aufgefordert,

nur ruhig die Treibhäuser zu besichtigen ...
    Dann öffnete er ihm mit einem Griff durch die Gitterstäbe. Der Kaufmannssohn ging sogleich längs der Mauer zu dem näheren Glashaus, trat ein und fand eine solche Fülle seltener und merkwürdiger Narzissen und Anemonen und so seltsames, ihm völlig unbekanntes Blattwerk, daß er sich lange nicht sattsehen konnte. Endlich aber schaute er auf und gewahrte, daß die Sonne ganz, ohne daß er es beachtet hatte, hinter den Häusern untergegangen war. Jetzt wollte er nicht länger in einem fremden, unbewachten Garten bleiben, sondern nur von außen einen Blick durch die Scheiben des zweiten Treibhauses werfen und dann fortgehen. Wie er so spähend an den Glaswänden des zweiten langsam vorüberging, erschrak er plötzlich sehr heftig und fuhr zurück. Denn ein Mensch hatte sein Gesicht an den Scheiben und schaute ihn an ... Als er jetzt aber näher hinsah, erschrak er abermals, mit einer unangenehmen Empfindung des Grauens im Nacken und einem leisen Zusammenschnüren in der Kehle und tief in der Brust. Denn das Kind, das ihn regungslos und böse ansah, glich in einer unbegreiflichen Weise dem fünfzehnjährigen Mädchen, das er in seinem Hause hatte.

Eben jener Dienerin.

Jetzt war es in dem Glashaus schon nicht mehr ganz hell, und die Formen der Pflanzen fingen an, sonderbar zu werden. In einiger Entfernung traten aus dem Halbdunkel schwarze, sinnlos drohende Zweige unangenehm hervor, und dahinter schimmerte es weiß, als wenn das Kind dort stünde. Auf einem Brette standen in einer Reihe irdene Töpfe mit Wachsblumen. Um eine kleine Zeit zu übertäuben, zählte er die Blüten, die in ihrer Starre lebendigen Blumen unähnlich waren und etwas von Masken hatten, heimtückischen Masken mit zugewachsenen Augenlöchern.

Suggestive Bilder einer fatalen Verzauberung – wenige Augenblicke später wird er tot sein, erschlagen von einem Pferdehuf, als er sich nach dem zu Boden gefallenen Schmuckpäckchen bückt.

Aus den künstlichen Klimainseln der Glashäuser sei noch ein Schritt ein halbes Jahrhundert zurück und nach draußen in einen klassischen Garten der Verführung getan. *Richard Wagner* führt seinen *Parsifal* in einer zentralen Szene des Musikdramas in die Sinnenversuchung eines Lustparadieses: Der Zauberer Klingsor, satanischer Antipode zur christlich-numinosen Welt des Grals, läßt ein solches als Chimäre aus dem Nichts an Parsifals Weg erblühen, um ihn zu betören und von seiner Sendung abzubringen.

Regieanweisung: Er [Klingsor] versinkt schnell mit dem ganzen Turme; zugleich steigt der Zaubergarten auf und erfüllt die Bühne gänzlich. Tropische Vegetation, üppigste Blumenpracht; nach dem Hintergrunde zu Abgrenzung durch die Zinne der Burgmauer, an welche sich seitwärts Vorsprünge des Schloßbaues selbst, arabischen reichen Stiles, mit Terrassen anlehnen. Auf der Mauer steht Parsifal, staunend in den Garten hinabblickend. – Von allen Seiten her, zuerst aus dem Garten, dann auch aus dem Palaste, stürzen wir durcheinander, einzeln, dann zugleich immer mehr schöne Mädchen herein: sie sind mit flüchtig übergeworfenen, zartfarbigen Schleiern verhüllt, wie soeben aus dem Schlafe aufgeschreckt.

Sie umschmeicheln Parsifal mit lieblichen Worten und zärtlichen Gesten und müssen dann widerstrebend der wirklichen Versuchung weichen: Kundry, der zauberischen Buhlerin, sündig und ihrerseits erlösungsbedürftig:

Dort ist jetzt, durch Enthüllung des Blumenhages, ein jugendliches Weib von höchster Schönheit ... auf einem Blumenlager, in leicht verhüllender, phantastischer Kleidung annähernd arabischen Stiles – sichtbar geworden.

Doch Parsifal, dem in dieser Begegnung seine Schuld und sein notwendiger Bußweg erst offenbar werden, bleibt standhaft und läßt sich nicht verführen.

In der Moderne erschöpft sich die Beziehung zwischen Garten und Erotik. Es gibt, in Zeiten gebrochener Moral, andere Orte für Verführung und heimliche Liebe. Ein Gedicht von *Erich Fried*, betitelt *Die guten Gärtner* (1979), zeigt das. Wäre es nicht im Band *Liebesgedichte* erschienen, dann könnte die abgehackte Wurzel, die Feinarbeit des Hegens und Pflegens durchaus auch gleichnishaft für andere menschliche Aufgaben und Unzulänglichkeiten in deren Durchführung stehen, etwa im grundsätzlichen Umgang mit der Natur. Aber es geht um die Pflegedienste an der speziellen Zweierbeziehung, um das gemeinsame (unbewußte?) »Wurzelabhacken« bei gleichzeitigem einträchtigem (vergeblichem!) Kurieren an den Symptomen der Oberfläche.

Wie schön
daß wir Hand in Hand
in den Garten gehen
und unsern jungen Baum
begießen
und pflegen.

Ich klaube Raupen ab
Du bringst ihm Wasser!
Wie grün er wäre
wenn wir ihm nicht
die Wurzel
abgehackt hätten.

Der Gartenfrevel

Die Ritter aber schlugen die Rosen ab,
traten die goldenen Beeteinfassungen in den Boden
und zerrissen den Faden.
Der Rosengarten des Königs Laurin, 13. Jh.

Gärten als schlaraffenländische Paradiese – oder Scheinpara-
diese –, mit Früchten, die den Menschen in den Mund wachsen, und Getreide, das nicht im Schweiße des Angesichts gesät
und geerntet, gedroschen und verarbeitet werden muß, sondern gleich als Brot und Kuchen zur Verfügung steht – das sind
menschliche Wunschphantasien. Gärten mit ihrer Nahrung für
den Leib und ihrer Speise für die Seele, sie wurden den Menschen seit den mythischen Anfängen von ihren Schöpfern und
Gestaltern zwar zur Bewahrung und Nutznießung anvertraut,
doch nicht als ihnen zustehende Pfründe, sondern eher als Verheißung, an bestimmte Auflagen – an Prüfungen und Bewährungsproben – gebunden und von daher widerrufbar. Das Verhältnis von Mensch und Garten war niemals eine bukolische
Idylle schlechthin, es war und ist bestimmt einerseits von Auflagen und Verboten seitens der ›Obrigkeit‹, andererseits von
Tabuverletzungen und Provokationen seitens der Nutznießer
bzw. derer, die es gerne sein möchten. Ob einer über die Mauer
steigt, um in Nachbars Garten einzubrechen, ob er sich auf-
macht, um in fernen Gärten Äpfel zu stehlen, und was ihn dazu
treibt – das ist hochbedeutsam, weist über den konkreten Garten, die reale Frucht hinaus in die Welt der Symbole. Es hat damit zu tun, wie er mit der Natur umgeht, der gezähmten Natur
zumal, eben dem ›Garten‹ in sich selbst.
  Dabei scheint der Gartenfrevel auf tragische Weise unvermeidlich zu sein. Schon das Umpflügen der Scholle und den
Schmerz, den sie damit der Mutter Erde zufügen, empfanden
die Indianer als frevelhaft, und sie baten dafür rituell um Vergebung. Anderswo, in unserer Kultur, ist das Organ des ›grünen Gewissens‹, ist das Gefühl für die Verbundenheit alles Lebendigen weniger sensibel. Mythisches Urwissen der Menschheit aber scheint über Zeiten und Grenzen hinweg zu sagen,
daß in ›Gärten‹ unumstößlich das Gesetz von Ursache und Wir-

kung gilt. Es hat Konsequenzen, was man in fremden Gärten treibt, wie man ihre Besitzer behandelt und wie man es mit ihren Wächtern hält.

Der Mensch und seine Paradiese, das war von allem Anfang an keine behagliche Idylle und bequeme Pfründe. Verstöße gegen Parkordnungen und Gartenregeln lagen stets in der Luft; mit Gebotsübertretungen von Seiten der Eindringlinge, mit Eigentumsdelikten und Gewalttätigkeiten aller Art, vom Mundraub bis zur Verwüstung, war jederzeit zu rechnen. Eine Schlange schlich sich ein, stiftete Zwist zwischen dem Herrn und seinem Gärtner-Ehepaar, das er in den Garten Eden gesetzt hatte, damit sie diesen hegten und pflegten. Wo kam sie her, wer hat sie eingelassen? Die Schlange in der Verführerrolle, das war neu in der uralten Begebenheit. Drachen hingegen, die vielköpfigen Verwandten aus der mythischen Reptiliensippe, waren oft zugegen, wenn es um Gartenfrevel ging. Zumeist jedoch wurden kapitale und furchterregende Säugetiere von den Göttern oder den anonymen Herrschaften eingesetzt, um die Bäume, die Kräuter, die Brunnen, um die Gärten überhaupt zu bewachen, deren Produkte überkreatürliches Glück, Teilhabe an der Unsterblichkeit verhießen.

Hauptakteur bei den Übergriffen auf die ihm eigentlich nicht zustehenden Gartendinge war immer der Mensch. Und sein Tun wird auf der Goldwaage gemessen: ein einziger Apfel, oder allenfalls drei, das ist schon zu viel. Verloren ist die Fülle, verwirkt die Gottesnähe. »Einmal ist keinmal«, diese Losung, die die Scheidelinie zwischen Recht und Unrecht verwischt, gilt hier nicht.

Über Zeitgenossenschaft läßt sich streiten bei mythischen Gestalten wie Adam oder Herakles – oder auch den Apfelräubern im Märchen. Historisch, literaturgeschichtlich sind ihre Taten und Leiden nicht einzuordnen. Der früheste Fall von Gartenfrevel aber ereignete sich noch innerhalb der Sphäre der Götter bei den Sumerern im Zweistromland. Er wurde in Keilschrift auf Tontafeln festgehalten, und zwar ca. 1000 Jahre vor dem Alten Testament und den ersten schriftlichen Zeugnissen über Götter und Helden aus Hellas. Es geht um ein Paradies: *Dilmun*, den himmlischen Garten mit fruchtbeladenen Bäumen und saftigen Wiesen. Vieles spricht dafür, daß von diesem frühesten Gartenmythos eine direkte Linie der Überlieferung zum Garten Eden führt.

Ninhursag, die große Muttergöttin, hat in Dilmun acht Gewächse geschaffen. Der Wassergott Enki aber läßt sich eines nach dem anderen von seinem Boten ›bestimmen‹ (d.h. benennen, erst damit wurde ihnen nach archaischen magischen Vorstellungen Realität zuteil) und verzehrt sie.

Enki im Marschland schaut sich um, schaut sich um,
Er sagt zu seinem Boten Isimud:
Ihrer Gewächse Schicksal möchte ich bestimmen, ihr Herz
     möchte ich kennen.
Was, bitte, ist das für ein Gewächs? ...

Sein Bote Isimud erwidert:
Mein König, das Baumgewächs, sagt er zu ihm.
Er schneidet es für ihn, Enki verzehrt es.
Mein König, das Honiggewächs, sagt er zu ihm.
Er schneidet es für ihn, Enki verzehrt es.
Mein König, das Wegerich-Gewächs, sagt er zu ihm.
Er schneidet es für ihn, Enki verzehrt es.
Mein König, das Wassergewächs, ...
Mein König, das Dornengewächs, ...
Mein König, das Kaperngewächs, ...
Mein König, das – Gewächs [Tontafel zerstört] ...
Mein König, das Zimmetgewächs, ...
Der Gewächse Schicksal bestimmte Enki, kannte ihr Herz.
Daraufhin verfluchte Ninhursag den Namen Enkis:
Bis er tot ist, werde ich nicht mit dem Auge des Lebens auf ihn
blicken.

Die Göttin wendet sich also voll Zorn ab und nimmt Enki die
Unsterblichkeit. Er erkrankt an acht Organen, und es bedarf der
Intervention anderer Götter, die Große Göttin (auch Herrin über
Leben und Tod) umzustimmen.

Auch im sumerischen *Gilgamesch-Epos* gibt es, wie oben auf-
geführt, paradiesische Gärten als Sinnbild für Lebens- und Sinnenlust und darinnen eine verführerische Frau, um den Mann
vom ruhelosen Suchen und von kämpferischer Arbeit abzuhal-
ten. Das gelingt in den mythischen Geschichten nie und im
Märchen nur bei den älteren Brüdern des Helden, der sich gegenüber den scheinbar Klügeren, in Wahrheit jedoch nachlässi-
gen und eigennützigen Toren als der wahre Günstling der Zau-
bermächte erweist. Für Gilgamesch aber gibt es im Edelsteingarten nichts zu holen und nichts zu rauben auf seiner Jenseitsreise, und mit der Schenkin Sidesi verbindet ihn nicht mehr als
ein Gespräch über die letzten Dinge. Gilgamesch sündigt vielmehr gegen das ökologische Gleichgewicht, gegen die Verhal-
tensregeln im Umgang mit der Natur: nicht in einem Garten,
wohl aber im Wald. Er zieht mit seinem Gefährten Enkidu zum
Wald der hochragenden Zedern; wenn er schon nicht unsterblich ist, so will er sich wenigstens unsterblichen Ruhm erwer-
ben. Die beiden Übermänner fällen die altehrwürdigen Bäume
und erschlagen ihren Wächter. Als aber die Bäume am Boden
liegen, erschrecken die beiden vor ihren Lichtglanzstrahlen als
den letzten Lebenszeichen der von ihnen getöteten Mit-Ge-
schöpfe. Sinnfälliger ist Naturfrevel wohl kaum je wieder in
einem poetischen, in einem mythischen Bild ausgedrückt wor-

den. Die Frage nach der Verantwortung wurde hier vor fast 4000 Jahren gestellt und gleichnishaft beantwortet in der Lebensgeschichte zweier Heroen mit Riesenkräften, die scheinbar alles können – und eben doch nicht alles dürfen. Enkidu, Naturbursche und Tiersohn aus dem Walde, in der Kindheit mit Frühlingskräutern genährt und darum so stark, muß zahlen für den Frevel, den Kahlschlag an den heiligen Zedern, mit einem qualvollen, schmachvollen Tod im Bett. Auch Gilgamesch wird bestraft mit lebenslanger Trauer, mit Entsetzen vor der Macht des Todes. Fragen nach dem Sinn und dem Warum treiben ihn um bis über den Strom, der das Reich der Lebenden von dem der Toten trennt. Der Fährmann nennt ihm als Mittel, Unsterblichkeit zu erlangen, ein Gewächs, dem Stechdorn ähnlich:

Wie die Rose sticht dich sein Dorn in die Hand. Wenn dies Gewächs deine Hände erlangen, findest du Leben!

Gilgamesch taucht danach und will sich der Pflanze bemächtigen. Gartenfrevel auch hier, nur wird in dem von Wüsten bedrohten Zweistromland das Unsterblichkeitskraut nicht in einem oberirdischen Garten gedacht, sondern unter Wasser bei einem unerschöpflichen Süßwasser-Reservoir, das alle Quellen dieser Erde speist. Gilgamesch will davon essen; als er sich aber zunächst an einem Brunnen von dem Tauchakt erfrischt, kommt eine Schlange (aus dem Brunnen? Oder ist sie die Hüterin des Krautes, die ihm gefolgt ist?) und frißt es ihm hinterrücks weg.

Der nächste schriftbezeugte Gartenfrevel fand im griechischen Mythos statt. *Herakles*, der halbgöttliche Heros, beging ihn im Zuge einer seiner sagenhaften Taten, sprich Jenseitsreisen. Und wieder geht es um Äpfel – Granatäpfel, jenes altehrwürdige Fruchtbarkeitssymbol: um drei kostbare Einzelexemplare mit einer besonderen Bewandnis. Herakles zieht aus wie der riesenstarke Königssohn im Märchen, um für einen Dritten den Apfel zu holen. Einen Apfel aus dem Garten der Göttin Hera: solche Äpfel, Symbole der Fruchtbarkeit und der runden, vollendeten Ganzheit, wachsen nur an den Bäumen des Lebens in Götter-, in Wundergärten. Es ist dies die elfte von Herakles' übermenschlichen Arbeiten, die er im Auftrag eines schwächlichen Königs vollbringen muß. Sie führt ihn zu den Gärten der Hesperiden an den Rand der bewohnten Erde und darüber hinaus. Ein goldener Apfelbaum war das Geschenk der Mutter Erde zur göttlichen Hochzeit von Zeus und Hera gewesen. Hera hatte ihn in ihren Garten pflanzen lassen, der an den Hängen des

Atlasgebirges lag, im äußersten Westen, gegen Sonnenuntergang, und der von den Hesperiden, den Töchtern des Atlas, bewacht wurde. Und als das nicht ausreichend schien, gab die Göttin ihnen eine mehrköpfige Schlange zur Verstärkung – dieselbe übrigens, die noch heute als Sternbild unsere Nächte begleitet, weil Hera sie, der griechischen Sage nach, aus Kummer über den Tod dieses ihres Wächtertieres durch die starke Faust des Herakles an den Himmel heften ließ. Die doppelte Sicherung ihres Eigentums jedoch nützte nichts, es geschah, was von allem Anfang an, und als Weissagung bekräftigt, vorherbestimmt war: ein Sohn des Zeus, eben der Halbgott Herakles, würde die Äpfel rauben. Dagegen war keine Gartenmauer hoch genug, kein Wächtertier reißend genug. Ganz wie dann später die Märchenhelden vor streng bewachten Gartenprodukten, hörte auch Herakles auf weise Ratgeber, er verzagte nicht, ließ nicht locker, setzte alle seine Geisteslisten und Körperkräfte ein und brachte sich schließlich in den Besitz der kostbaren Äpfel. Nicht eben wählerisch in seinen Mitteln, täuschte er den Atlas, nahm ihm als Gegengabe für das Besorgen der Früchte für eine Weile die Weltkugel ab, die dieser als Dauerlast auf seinen Schultern trug, und halste sie ihm dann listig wieder auf, als er, Herakles, die Äpfel in den Händen hatte.

Gartenfrevel hat immer etwas mit Grenzüberschreitungen zu tun, die niemand umgehen kann, wenn er sich auf den Weg macht. Das Gewächs gegen die Unruhe, so nennt Gilgamesch das, was ihm zu behaglicher Zufriedenheit fehlt und was zu suchen er ausgezogen ist – die Unruhe, die den Menschen über sich hinaus weist, die schöne Hoffnung, daß mehr in ihm steckt als seine irdische, allzu irdische Natur. Und daß er mit Fug und Recht nach der Unsterblichkeit strebt. Auch die Helden und Heldinnen in den Märchen haben keinen bleibenden Platz im warmen Familiennest; sie werden oft ziemlich brutal hinausgeworfen oder sie folgen, wie Gilgamesch und zahllose andere Jugendliche in Mythos und Literatur, der inneren ›Unruhe‹. Es sind junge Menschen an der Schwelle zum Erwachsenwerden, »denen es nicht mehr gefiel in ihres Vaters Haus«, oder, da durchaus auch junge Frauen im Märchen wagemutig und unternehmungsbereit sind: »Das Mädchen hatte nicht Ruhe noch Rast, bis es sich heimlich aufmachte und in die weite Welt ging.« Das sind zwei von vielen Formulierungen in Volksmärchen, die für Aufbruch stehen und sich als äußerst geschehensträchtig erweisen. Wer sich jedoch auf die Reise macht, wer sich auf

Neues und Unbekanntes einläßt, der wird nicht nur Mühsal durchleiden und Gefahren durchstehen müssen, sondern wird auch Schuld auf sich laden. Der Weg des Märchenhelden, der - heldin vom Aufbruch aus dem Elternhaus bis zum ›König-sein‹, zur Hochzeit mit dem Königssohn, ist ein Symbol für menschliche Lebensbewältigung. Nur wer das Alte losläßt und Neues wagt, erlangt schließlich die ›Krone‹, findet zu sich selbst und zu erfüllter, dauerhafter Partnerschaft.

Schuldhafte Grenzüberschreitungen sind dabei unvermeidlich, und so ist im Märchen wie auch im Mythos Tabuverletzung in fremden Gärten, also Gartenfrevel, ein häufiges Motiv. Einer zieht aus, »um wunderliche Dinge zu erleben« – und dabei bedeckt er sich notwendig mit Staub und wird schuldig: eine tragische Ur-Situation. 30 Paar eiserne Schuhe muß einer durchlaufen, 50 Königreiche durchwandern, ehe er zum Ziel kommt: symbolische Bilder für Mühsal und Durchhaltevermögen. Gartenfrevel, Liebesfrevel, Menschenfrevel sind dabei fast unvermeidlich. Doch es geht immer gut aus, heillose Ausgangssituationen, gestörte Familienverhältnisse werden zu einem glücklichen Ende geführt. Gartenfrevlern, Herzensdieben wird verziehen, sofern sie auf der Seite der Guten im Sinne der Märchengerechtigkeit stehen. Ein Hintertürchen führt für sie zurück ins Paradies, es gibt Vergebung für jeden Sündenfall. Und anders als Herakles, dem seine übermäßige Libido zum Verhängnis wurde, kehren Märchenhelden zurück vom gelungenen Gartenfrevel in die Arme der ihnen bestimmten Prinzessin, erlangen Vergebung für den Diebstahl, und sie leben dann »vergnügt und glücklich immerdar« oder in irgendeinem ähnlich formulierten Dauerglück. Unsterblich also – das verbindet sie wiederum mit Herakles, der, obwohl von einer sterblichen Mutter, als Lohn für Drangsal, für alle Kämpfe gegen Untiere und Unholde, für das Schweinestallausmisten und für sonstige kulturstiftende Plackerei dann doch noch in den Olymp aufgenommen wurde.

Wenn es im Märchen um Gartenfrevel geht, so ist also zumeist dies die Ausgangssituation: In einem fremden, oft auch fernen Garten – von dem es sich dann herausstellt, daß er im Reich der Außerirdischen liegt – wächst oder quillt, kreucht oder fleucht irgend etwas Wunderbares, nach dem es jemanden gelüstet oder das einem Notstand abhelfen soll, oft einer unheilbaren Krankheit. Wunderdinge in Zaubergärten sind streng bewacht, ein ganzes Arsenal von Schrecknissen wird zu ihrem Schutz und als Instrument gegen den Gartenfrevel aufgeboten.

Immer ist der Erwerb der heilenden Frucht, des Wunderkrautes, des Lebenswassers mit einer Tabuverletzung verbunden, bedeutet ein höchst gefährliches Unterfangen mit höchstem Einsatz. Einer jedoch macht sich auf den Weg – zumeist ist es in diesem Märchentyp ein Mann –, schreckt vor nichts zurück, vertraut auf sein Glück und schafft es. Er bringt das Begehrte, er übergibt es dem andern, für den er die Mission übernommen hat, und hat es doch auch für sich selbst geholt und gebracht. Schon der Weg ist für ihn Lebensschule, Bewährung und letztlich Ziel. Ihm schlägt alles zum Guten aus, gegen sein Glück ist kein Kraut gewachsen. Niemals sind die Ränke der Widersacher feingesponnen genug, kein Untier ist stark genug, ihn zu verderben oder ihm auch nur den Erfolg des Gartendiebstahls zu vereiteln. Brüllende Löwen, mit Köpfen dahingemeuchelter Freier bewehrte Mauern, todbringende Hecken um Schlösser schrecken ihn nicht.

Fast wie eine Persiflage auf die mühevolle, gefahrenreiche Suchwanderung der Helden und Heldinnen im Märchen mutet die Kavalierstour von Baldak Borisjewitsch in einem russischen Märchen aus der Sammlung von *Alexander N. Afanasjew* an, dem »russischen Grimm«, der um die Mitte des 19. Jh. die russischen Volksmärchen sammelte und herausgab. In diesem Märchen ist als Ausgangssituation keinem inneren Notstand abzuhelfen. Nicht nach einem Zauberding, einer Wunderprinzessin, einem Heilkraut verzehrt sich einer in Sehnsucht, Gier oder wegen Krankheit, Alter. Vielmehr sucht ein Zar einen Haudegen, der für ihn auszieht und seinen verhaßten muselmanischen Widersacher demütigt – nur so, aus keckem Mut und Tollerei, um ihm, dem türkischen Sultan, sein Wunderpferd wegzunehmen und ihm dann »in die Augen zu spucken«.

Der Zar findet für diese Aufgabe einen jungen Kraftprotz aus dem Volke namens Boris. Starkstrom fließt durch Boris' Adern, unverschämt ist er und trinkfest. Er läßt sich 29 Burschen mitgeben, und als sie beim türkischen Sultan genau um Mitternacht eintreffen, wird der Zarenauftrag detailgetreu ausgeführt, und ehe der Sultan sich noch die Spucke aus den Augen wischen kann, begeht Boris auf eigene Faust gleich noch einen veritablen Gartenfrevel:

Der türkische Sultan hatte einen Garten, den er über alles liebte; der Garten erstreckte sich über drei Werst, darin wuchsen mancherlei Bäume und blühten mancherlei Blumen. Der junge Baldak, Boris' Sohn,

142

befahl den Genossen, den neunundzwanzig Burschen, alle Bäume zu fällen, alles niederzuwalzen, holte Feuer und brannte den ganzen Garten ab. Dann ließ er auf dieser Stelle dreißig weiße Leinenzelte aufschlagen.

Der verdammenswerteste und nach Rache schreiende Tort, den man den persischen Großkönigen in der Antike antun konnte, war, ihren Garten zu verwüsten, zumal die Bäume zu fällen – so berichten die griechischen Geschichtsschreiber. Davon mag etwas in diesem russischen Märchen nachklingen.

Es ist dann des Sultans jüngste Tochter, die durch List herausbekommt, wer der mutwillige Zerstörer war. Übrigens führt Boris nicht, wie zu erwarten, die kluge Sultanstochter als seine Braut heim. Der Bauplan dieses Märchentyps wird durchbrochen: die Verbindung zwischen einer Muselmanin und einem Russen, das war anscheinend undenkbar, auch wenn der junge Draufgänger jeglichen christlichen Wertvorstellungen kraß zuwiderhandelte. Die schöne Sultanstochter muß vielmehr zusammen mit ihrem Vater und dessen »Lieblingspascha« an den Galgen, Boris aber mit seinem Gefolge kehrt in die »ruhmreiche Stadt Kiew zu dem Zaren Wladimir« zurück.

Boris blieb ungestraft und ungeschoren – Gartenfrevel kann jedoch teuer zu stehen kommen im Dämonenland – eine Handvoll Rapunzeln z.B. gegen »das schönste Kind unter der Sonne«, wie es in dem Märchen aus der Sammlung der Brüder Grimm heißt. In Italien ist es Fenchel, in Frankreich Petersilie im Garten einer Zauberin, wonach es eine Schwangere unwiderstehlich gelüstet. Anstatt des den Gelüsten seiner Frau willfährig nachgebenden Mannes kann es auch die Schwangere selbst sein, die Gartenfrevel bei der unheimlichen Nachbarin begeht. Immer aber hat dies unverhältnismäßige Konsequenzen, und die Dämonin gewinnt dadurch Macht über das Ungeborene. In dem französischen Märchen *Petersilchen* (frz. *Persinette)* heißt es:

Zwei junge Liebende hatten sich verheiratet, und auch nach langer Zeit hielt die Glut ihrer Liebe immer noch an. Sie lebten glücklich und zufrieden, und schließlich wurde die junge Frau schwanger, was ihr Glück vollkommen machte. ...

In der Nachbarschaft wohnte eine Fee, die besonders durch ihren schönen Garten Aufmerksamkeit erregte. Es gab dort Früchte, Pflanzen und Blumen in Hülle und Fülle. Zu jener Zeit war die Petersilie sehr selten in dieser Gegend, die Fee hatte sich aber welche aus Indien mitbringen lassen, und nur in ihrem Garten konnte man sie finden.

Die junge Frau verspürte große Lust, davon zu essen, und da sie wußte, daß dies nicht leicht war, weil niemand den Garten der Fee betreten durfte, wurde sie so traurig, daß sogar ihr Mann sie nicht mehr wiedererkannte ...

Der liebevolle Ehemann macht das Unmögliche möglich:

... und brachte die Beute seiner Frau, die sie gierig verschlang, aber schon zwei Tage später hatte sie noch mehr Lust darauf als vorher. In jener Zeit muß Petersilie sehr gut geschmeckt haben ...

Noch einmal steht ›zufällig‹ die Pforte in der hohen Mauer zum Nachbargarten offen, aber diesmal ertappt ihn die Fee, er bekommt die Petersilie, muß aber das ungeborene Kind versprechen.

Als die Zeit der Geburt gekommen war, begab sich die Fee zu der Mutter, die eine Tochter zur Welt brachte, der die Fee den Namen Petersilchen gab. Sie legte sie in Windeln aus goldenem Tuch und benetzte ihr Gesicht mit einem kostbaren Wasser, das sie in einer kristallenen Vase hatte, worauf hin Petersilchen augenblicklich zur schönsten Person der Welt wurde.

Es wird hier, im Gegensatz zu dem Grimmschen Märchen, der Versuch gemacht, das Wunder zu erklären: das Gelüsten nach Petersilie als einem seltenen exotischen Kraut, die Schönheit des Mädchens aus speziellen postnatalen Pflegemethoden der Fee.

Die genannten Märchen wurden zwar im 19. Jahrhundert zu Papier gebracht, doch stammen sie aus der mündlich tradierten Volksliteratur, sind Varianten eines von den Motiven her zumindest in Europa nachweisbaren Märchentypus. Ihr Alter ist also nicht zu datieren. So führt ein Sprung vom Fixpunkt ihrer Veröffentlichung in Buchform zurück ins Mittelalter zu keiner Zeitverwirrung.

Ein Tiroler Dichter hat um 1250 dem Sagenkreis um Dietrich von Bern das Abenteuer des berühmten Recken im *Rosengarten* des Zwergenkönigs *Laurin* hinzugefügt: ein höchst gefahrvolles Unternehmen, erst wenn er dieses bestanden habe, so sagt man, werde sein Ruhm vollkommen sein. Das läßt ein wahrer Ritter sich nicht zweimal sagen.

Laurin, kaum drei Spannen lang, hat sich in den Wäldern Tirols einen Rosengarten angelegt. Statt einer Mauer umgibt ihn ein seidener Faden – eine in Märchen und Sagen beliebte magische Grundstückseinfriedung.

... Und wer ihm den zerreiße, an dem wird er sich schnell rächen. Der muß ihm lassen ein teures Pfand: den rechten Fuß, die linke Hand.

Dietrich und sein Geselle machen sich auf, und

... als die beiden kühnen Männer in den grünen Wald kamen, da ritten sie wohl hintereinander sieben Meilen und gelangten schließlich zu einer grünen Wiese vor einen Rosengarten mit goldenen Beeteinfassungen. Gold und Edelsteine hatte der Zwerg Laurin an die Rosen gehängt, so schön anzusehen, daß man alle Traurigkeit vergaß. Der Garten war äußerst lieblich: süß dufteten die Rosen und glänzten hell. Die Ritter aber schlugen die Rosen ab, traten die goldenen Beeteinfassungen in den Boden und zerrissen den Faden.

Ein kapitaler Gartenfrevel. Der Zwergenkönig erscheint und wird ausführlich in der vollen Pracht seiner goldenen Krone beschrieben, »auf der Vögel sangen, als ob sie lebendig wären«. Dietrich gelingt es, ihm im Zweikampf seinen Gürtel zu nehmen, in dem seine übernatürliche Kraft steckt, und nun muß der Zwergenkönig ihm untertan sein und um Gnade bitten. Die beiden Helden folgen ihm in den Berg. Vor dem Eingang gibt es noch einmal einen wunderbaren Garten zu bewundern, mit grünen Linden und Obstbäumen aller Art, mit Vögeln und spielenden zahmen Tieren – Dietrich sagt dazu: »Wenn mich nicht alle Sinne täuschen, sind wir im Paradies.« Auch drinnen der Berg ist »Freuden voll«, doch der festliche Zauber ist trügerisch. Noch einmal gewinnt das Zwergenvolk mit Hinterlist die Oberhand, es gibt schließlich ein großes Gemetzel, aus dem die christlichen Ritter siegreich hervorgehen. Das Echo eines mythischen Kampfes der Guten gegen die Mächte der Finsternis. Und wer auf der richtigen Seite steht, an dem wird selbst die Verwüstung eines Gartens nicht gerächt.

Gartenfrevel, das wurde bereits deutlich, ist zu verstehen als unangemessenes, diebisches, zumindest gedankenloses, bisweilen auch rüpelhaftes Benehmen in fremden Grundstücken, als Mißachtung von Grenzen, als das Naschen fremder Früchte, das Pflücken artengeschützter Blumen, gar das mutwillige Fällen heiliger Bäume. Die Symbolträchtigkeit solchen Verhaltens liegt auf der Hand. Gärten, in denen aus unterschiedlichen Gründen gewütet wird, in denen man sich an fremdem Eigentum aller Art bereichert, sind denn auch vielfach Gegenstand der moderneren Literatur geworden. Da ist der junge *Goethe*, der ein gewisses Blümlein fast gebrochen hätte – und es dann doch »mit allen den Würzlein« ausgräbt und in seinen Garten trägt (*Gefunden*). Da wurde der Gartenfrevel gerade noch aus besserer Einsicht vermieden.

Gartenfrevel und Liebesfrevel fallen oft zusammen, zumal in der orientalischen Literatur, wo hinter hohen schützenden Mauern nicht nur Gartenprodukte die Sinne reizen. Orientalisierend geht es auch in Goethes Märchen *Der neue Paris* von 1812 zu, und das nicht nur, was das orientalische Kostüm anbelangt, das der junge Gartenbesucher gegen sein rokokohaft aufgeputztes Feiertagsgewand tauschen muß, um in die Geheimnisse jenes Zaubergartens eingeweiht zu werden, der sich da – nach dem sonntäglichen Kirchgang – inmitten der heimischen Frankfurter Umgebung gleich hinter einer kunstvollen, fremdartigen Mauerpforte auftut. Dieser Garten hat alle Elemente eines paradiesischen Gesamtkunstwerkes:

Gleich hinter der Pforte sah ich einen großen beschatteten Platz: alte Linden, regelmäßig von einander abstehend, bedeckten ihn völlig mit ihren dicht in einander greifenden Ästen, so daß die zahlreichsten Gesellschaften in der größten Tageshitze sich darunter hätten erquicken können. ...
Nischen mit Muscheln, Korallen und Metallstufen künstlich ausgeziert, gaben aus Tritonenmäulern reichliches Wasser in marmorne Becken; dazwischen waren Vogelhäuser angebracht. (...) Nun lag das bunteste Gartenparterre vor meinen Blick. Es war in verschlungene Beete geteilt, welche zusammen betrachtet ein Labyrinth von Zieraten bildeten; alle mit grünen Einfassungen von einer niedrigen, wollig wachsenden Pflanze, die ich nie gesehen; alle mit Blumen, jede Abteilung von verschiedener Farbe.

Das sind nur einige der Elemente dieses paradiesischen Phantasiegartens, der deutlich vom Geist barocker Gartenkunst mitgestaltet ist, wie er zur Zeit des jungen Goethe noch durch europäische Parks wehte.

In diesem Garten gibt es, außer dem obligatorischen Kostümwechsel, einen strengen Kodex von Verhaltensmaßregeln, der dem neugierigen jungen Besucher nach und nach von dem alten Gärtner – einer Gestalt aus der ehrwürdigen Verwandtschaft der Mentoren und mythischen Seelengeleiter – offenbart wird. In orientalischen Geschichten mit ähnlicher Fabel wäre nun der versuchte oder vollzogene Liebesfrevel mit oder ohne Einverständnis der nymphischen, elfischen oder einfach nur überirdisch schönen Gartengespielin fällig – und damit wäre der Gartenfrevel komplett. Auch in Goethes Märchen folgt die Musik, der Tanz, und der junge Mann hat schnell vergessen, »daß außer diesem Paradies noch etwas anderes auf der Welt wäre«. Eine von drei Grazien hat es ihm besonders angetan, doch hier endet die Analogie zu ähnlichen Geschichten aus 1001 Nacht, vielleicht in Anbetracht des noch sehr jugendlichen Alters des Helden: die beiden messen sich in scheinbar harmlosem Kinderspiel. Mit Spielzeugsoldaten treten sie gegeneinander an, allerdings solchen von feinster, wunderlichster, bildungsbefrachteter Art: hier ein Miniatur-Amazonenheer, da die griechische Reiterei mit Achill an der Spitze, Figürchen, die sich nach jedem tödlichen Beschuß mit Achatkügelchen wieder zusammenfügen und sogar zu Eigenleben erwachen. Das ganze spielerische Geplänkel zwischen dem Noch-nicht-Liebespaar artet in mutwilliger Aggression aus, nähme mit einem Kußversuch seinerseits, einer Ohrfeige ihrerseits fast ein unmärchenhaft böses Ende – hätte er sich nicht selbstbewußt als »Liebling der Götter« tituliert und den alten Gärtner mit seinem Traum von drei Äpfeln beeindruckt (daher der Titel *Der neue Paris*). So bleibt alles offen. Der Knabe wird als noch nicht reif fürs Paradies aus dem Garten herauskomplimentiert und findet dann am nächsten und den folgenden Tagen zwar die Mauer, aber keine Spur mehr von der Pforte. Jedoch:

Das einzige, was mich tröstet, ist die Bemerkung, daß die Nußbäume etwas zusammenrücken, und daß Tafel und Brunnen sich ebenfalls zu nähern scheinen. Wahrscheinlich, wenn alles wieder zusammentrifft, wird auch die Pforte von neuem sichtbar sein, und ich werde mein mögliches tun, das Abenteuer wieder anzuknüpfen.

Das Märchen *Der neue Paris* weist über sich hinaus in den Bereich der Symbole. Paradiese, Orte des Glücks, auch hier im Bild des Gartens gefaßt, sind heikles Terrain. Aufenthaltsgenehmigungen dafür sind schwer zu bekommen und können jederzeit von der Obrigkeit wieder eingezogen werden. Gartenfrevel – und der äußert sich hier als Egoismus, Ungestüm, mangelnde Reife im Umgang mit anderen – führt zur Ausweisung. Doch es bleibt Hoffnung, es bleibt die Chance der Wiederholung für den, der »strebend sich bemüht«, wie es Goethe später an anderer und prominenterer Stelle ausdrücken wird.

Auch in *Eduard Mörikes* Erzählung *Mozart auf der Reise nach Prag* (geschrieben 1853) setzt ein Gartenfrevel die eher spärliche, mit vielen Dialogen, mit Detail- und Milieuschilderungen durchsetzte Handlung in Gang.

Das Ehepaar Mozart befindet sich in der Postkutsche auf
Reisen von Wien nach Prag zur Aufführung von *Don Giovanni*.
Unterwegs, bei einer Mittagsrast, während Konstanze sich um
die Befriedigung des leiblichen Wohles kümmert, macht ihr
Mann einen Spaziergang in einem nahen Schloßpark.

Er ging und hatte bald den kurzen Weg bis zu dem offenen Gattertor
zurückgelegt, dann langsam einen hohen alten Lindengang durch-
messen, an dessen Ende linker Hand er in geringer Entfernung das
Schloß von seiner Fronte auf einmal vor sich hatte. Es war in italieni-
scher Bauart, hell getüncht, mit weit vorliegender Doppeltreppe; das
Schieferdach verzierten einige Statuen in üblicher Manier, Götter und
Göttinnen, samt einer Balustrade. Von der Mitte zweier großen, noch
reichlich blühenden Blumenparterre ging unser Meister nach den
buschigen Teilen der Anlagen zu, berührte ein paar schöne dunkle
Piniengruppen und lenkte seine Schritte auf vielfach gewundenen
Pfaden, indem er sich allmählich den lichteren Partien wieder näher-
te, dem lebhaften Rauschen eines Springbrunnens nach, den er sofort
erreichte. Das ansehnlich weite, ovale Bassin war ringsum von einer
sorgfältig gehaltenen Orangerie in Kübeln, abwechselnd mit Lorbee-
ren und Oleander, umstellt; ein weicher Sandweg, gegen den sich eine
schmale Gitterlaube öffnete, lief rund umher.

Der Leser wird hier, ganz im Sinne des poetischen Realismus,
ziemlich detailgetreu in einen der fürstlichen Parks hinein geführt, wie sie zu jener Zeit die Schlösser umkränzten, wobei
einige der Angaben bereits auf Elemente des Landschaftsgartens
hinweisen, den es zu Mozarts Zeit noch nicht, wohl aber zu der
Mörikes gegeben hat. Mischformen der Gartengestaltung – die
strenge Architektonik und Geometrie des Barockgartens neben
den offenen Bereichen naturnäherer Landschaftsmodellierung
im englischen Stil – das waren die Parks, in denen man zu
Mörikes Zeiten lustwandelte, sofern einem der Eintritt in fürstliche Gefilde nicht überhaupt verwehrt blieb. Es sei denn, man
hieß Mozart. Dieser läßt sich unter dem Geplätscher des Wassers auf einer Bank nieder, wird übermannt von einer musikali-
schen Idee (es wird daraus das Duett Zerlina/Masetto aus *Don
Giovanni*, wie man später erfährt), und greift geistesabwesend
nach einer Frucht am nahen Pomeranzenbaum. Ein livrierter
Gärtner steht plötzlich vor ihm und macht ihn auf die Unge-
bührlichkeit seines Tuns aufmerksam. Die Pomeranzen seien
abgezählt und zu einem speziellen Anlaß aufbewahrt. Auch hier
begegnet uns das Motiv der besonderen Früchte an einem besonderen Baum zu einem besonderen Anlaß, und einer, der

begehrlich, oder wie hier in abgeschwächter Form nur zerstreut, seine Hand danach ausstreckt. Es entspinnt sich eine gereizte Debatte zwischen dem Gärtner und dem Eindringling, Mozart zieht schließlich ein Papier aus der Brieftasche und schreibt:

Gnädigste Frau! Hier sitze ich Unseliger in Ihrem Paradiese, wie weiland Adam, nachdem er den Apfel gekostet. Das Unglück ist geschehen, und ich kann nicht einmal die Schuld auf eine gute Eva schieben, ... Befehlen Sie, und ich stehe persönlich Ihro Gnaden Rede über meinen mir selbst unfaßlichen Frevel.

Er hat Glück: sein Name ist bei der musikliebenden Herrschaft bekannt und ruft das hellste Entzücken hervor. Die Weiterreise wird verschoben, und das Ehepaar Mozart, zumal der Maestro mit seinen Improvisationen am Klavier, schmückt das Verlobungsfest der Tochter des Hauses. Und er stellt damit natürlich sogar den eigens zu dem Anlaß heimlich gesund gepflegten Pomeranzenbaum, ein ehrwürdiges Familienerbstück, als Attraktion weit in den Schatten. Auch Mozart weiß, was eigentlich auf Gartenfrevel steht, und spricht es in etwas kokettierender Übertreibung aus:

... und um ein Haar, so säß´ ich jetzt, statt hier vergnügt zu tafeln, in einem abgelegenen Arrestantenwinkel des gräflichen Schlosses und könnte mir mit leerem Magen die Spinneweben an der Wand herum betrachten.

Doch Mozart ist eben Mozart, es löst sich alles in heiterer Geselligkeit auf, wird nachträglich zum Gegenstand scherzhafter Konversation. Es geht in dieser erlauchten Festrunde recht bildungsbürgerlich und biedermeierlich zu; Mozart liebäugelt mit dem einfachen Leben und philosophiert:

Ein Gütchen, wenn du hättest, ein kleines Haus bei einem Dorf in schöner Gegend, du solltest wahrlich neu aufleben! Den Morgen fleißig bei den Partituren, die ganze übrige Zeit bei der Familie; Bäume pflanzen, deinen Acker besuchen, im Herbst mit den Buben die Äpfel und Birnen heruntertun; ...

Der Mythos bleibt lebendig. Das Motiv von Schuld und Sündenfall klingt von fern an in dem harmlosen, halbbewußten Pomeranzenraub. Die Herkunft und Bedeutung des Pomeranzenbaumes wird in einer Tischrede ausführlich und zeremoniell erklärt, und schließlich:

... Ein Nachkömmling des vielgepriesenen Baums der Hesperiden, der vor alters auf einer westlichen Insel im Garten der Juno, als eine

Hochzeitsgabe für sie von Mutter Erde, hervorgesproßt war, und welchen die drei melodischen Nymphen bewachten, hat eine ähnliche Bestimmung von jeher gewünscht und gehofft, da der Gebrauch, eine herrliche Braut mit seinesgleichen zu beschenken, von den Göttern auch unter die Sterblichen kam. ...

Auch hier gibt es einen ›Helden‹, einen Götterliebling, der mehr darf als andere und dem Verbotsübertretungen verziehen werden.

Hundert Jahre später, nach zwei Weltkriegen und nach den ersten sichtbaren Symptomen einer verhängnisvollen Umweltausbeutung, haben heile Gartenwelten mit ihren Wegesystemen und Beetordnungen, dem Blumenflor und den planvoll gesetzten Bäumen zwar noch immer Paradiescharakter. Aber die Bedrohung durch auf Frevel bedachte Eindringlinge wird nun zu einer sehr verbindlichen Metapher, die Anklage meint. Sie weist aus der über-moralischen Sphäre der Poesie auf reale Katastrophen, auf Willkür, Menschenmord, Genozid, Raubbau an der Natur.

Marie-Luise Kaschnitz greift in ihrer ironisch-hintersinnigen Geschichte *Adam und Eva* von 1952 das Thema ›Sündenfall‹ noch einmal auf, jedoch auf eher versöhnliche Weise. Sie hinterläßt ihren alternden, unter der Angst vor dem Tod depressiv gewordenen Adam – und damit auch uns, ihre Leser – mit der tröstlichen Hoffnung auf ein Zurück in den Stand der Unschuld, der Ganzheit, der Sympathie mit allen Geschöpfen. Es ist Eva, die Verkörperung des weiblichen Prinzips, die dabei die Führung übernimmt, ja die in den dunklen Interimszeiten den Kontakt zu den ›Engeln‹ nie ganz hat abreißen lassen. Und da ja alles fließt und es auch auf dem Weg zum Paradies kein Zurück, sondern immer nur Stationen eines Vorwärts gibt, dürfte der Gartenfrevel sich dort drüben nach allen Erfahrungen und Lernprozessen hienieden als Strategie der Wunscherfüllung endgültig überlebt haben.

Und was wird aus uns? fragte Adam und stützte seinen Kopf auf die Hand.
Wir bleiben zusammen, sagte Eva. Wir gehen zurück in den Garten. Und sie legte ihre Arme um Adams Hals und sah ihn liebevoll an.
Ist er denn noch da? fragte Adam mürrisch.
Gewiß, sagte Eva.
Wie willst du das wissen? fragte Adam mürrisch.
Woher meinst du, fragte Eva, daß ich die Reben hatte, die ich dir ge-

bracht habe, und woher meinst du, daß ich die Zwiebel der Feuerlilie
hatte, und woher meinst du, hatte ich den schönen, funkelnden Stein?
Woher hattest du das alles? fragte Adam.
Die Engel, sagte Eva, haben es mir über die Mauer geworfen. Wenn
wir kommen, rufe ich die Engel, und dann öffnen sie mir das Tor.
Adam schüttelte langsam dan Kopf, weil eine ferne und dunkle Erinnerung ihn überkam. Gerade dir, sagte er. Aber dann fing er an zu
lachen, laut und herzlich, zum erstenmal seit ach wie langer Zeit.

Auch in der Geschichte *Der alte Garten*, geschrieben 1947, aber
auf Wunsch der Dichterin erst posthum veröffentlicht, gibt es
Verzeihung für Gartenfrevler. Zwar sorgt eine garteninterne
Gerichtsbarkeit dafür, daß Freveltaten an Pflanzen und Tieren
streng geahndet werden. Sie sind mit der Bemessung der Strafe
nicht kleinlich, all die geschädigten und zerrupften Blumen,
amputierten Ameisen und schwanzlosen Eidechsen unter Lei-
tung der Buchenfrau. Sogar die Möglichkeit der Todesstrafe
schwebt für kurze Zeit über den Delinquenten. Das sind zwei
Kinder, die in jenen verwunschenen Garten eingedrungen sind,
magisch angezogen von seinen Geheimnissen und dann fort-
gerissen vom zerstörerischen Herrschaftstrieb. Doch es gibt einen Aufschub für die Todesstrafe: Gnadenfrist und Sühne zugleich. Die Kinder müssen in gefahrvoller Reise durch alle Na-
turreiche, müssen die Erdmutter, den Meervater aufsuchen, der
Sonne nahe sein, beim Turm der Winde vorbeischauen. Und
erst als sie diese und andere phantastische, märchenhafte kos-
mische Prüfungen durchgestanden haben, wird ihnen der Gartenfrevel vergeben. Als Eingeweihte in die Mysterien der Natur ist für sie nun sogar in dem Gartenzaun eine Tür, wo es
vorher keine gab – so wie es umgekehrt für Goethes *neuen Paris*
nur einmal die wunderbare Pforte in den Garten gegeben hatte
und dann nicht wieder. Auch im Volksmärchen kommt dieses
Motiv vom ›Gehorsam‹ der Dinge gegenüber dem, der sie zu
beherrschen gelernt hat, immer wieder vor. Wunderkräuter,
Lebenswässer wirken nur heilend, wenn der rechtmäßige Über-
bringer sie verabreicht – und nicht etwa seine törichten Brüder
oder Schwestern, die sie listig entwendet haben.

Diese Tür, die es vorher nicht gab, hatte ein blinkendes Schloß, und
wie der Knabe den Schlüssel versuchte, den der Gärtner ihm gegeben
hatte, paßte er genau. Da wußten die Kinder, daß sie nun wiederkom-
men durften, sooft sie wollten, und das taten sie auch fast täglich,
solange ihre Kindheit währte. Sie kamen und halfen dem alten Gärtner gießen und graben, jäten und pflanzen, und wenn auch niemals

mehr die zarten und wilden Stimmen der Natur so deutlich zu ihnen sprachen wie in jener Nacht der Verzauberung, so waren sie ihnen doch zeitlebens vertrauter als anderen Menschen.

Dieses Märchen, nur auf der vordergründigen Erzählebene eine ›Kinder‹-Geschichte, kommt mit seiner Fülle symbolischer und mythischer Bezüge einer Parabel für ›Gartenfrevel‹ gleich: also selbstherrlichem Umgang mit der Natur und den Folgen solchen zerstörerischen Tuns. Ein geradezu hellsichtiges Werk, wenn man das Jahr seiner Entstehung bedenkt. Ein vernetztes System ist die Natur, in dem selbst der Flügelschlag eines Schmetterlings bedeutsam ist und der Todeskampf eines Baumes zum Himmel schreit. Der Wind erzählt den Kindern von einer alten Buche, die er mit all seiner Kraft umbläst in der Nacht, da sie bereits das Ritzzeichen zum Fällen trägt:

... schon klang der Wald wieder, wie von dem Getümmel einer furchtbaren Schlacht, schon zersplitterte das junge Holz ringsum, während der alte Stamm noch unbeweglich stand. Aber dann fühlte ich plötzlich, daß es mit seiner Kraft zu Ende ging. Denn nun begann er zu stöhnen und sich zu rühren wie ein Mensch, der am ganze Leib zittert.

Fast so wie 4000 Jahre zuvor die gefällten Zedern, deren letzte Lebensregungen Gilgamesch und Enkidu mit Schaudern und Sühneahnungen erfüllt hatten. In der märchenhaften Gegenwelt des Gartens gelten keine Freibriefe für zerstörerische Übergriffe, und man muß wiederum das Erscheinungsjahr des *Alten Garten* bedenken, um zu verstehen, daß Marie-Luise Kaschnitz der Menschheit noch Einsicht, Lernfähigkeit zutraute im Umgang mit der Natur, daß sie Umkehr für möglich hielt.

Ein pessimistischerer Ton, was die ›Umweltethik‹ anbelangt, wird dagegen in der Lyrik der 70er und 80er Jahre angestimmt. Als Beispiel für viele andere sei hier das Gedicht *Fremder Garten* von *Hans Magnus Enzensberger* angeführt:

Es ist heiß, das gift kocht in den tomaten.
hinter den gärten rollen versäumte züge vorbei,
das verbotene schiff heult hinter den türmen.

angewurzelt unter den ulmen, wo soll ich euch hintun,
füße? meine augen, an welches ufer euch setzen?
um mein land, doch wo ist es? bin ich betrogen.

die signale verdorren. das schiff speit öl in den hafen
und wendet. ruß, ein fettes rieselndes tuch
deckt den garten. mittag, und keine grille.

Wenn immer es im wirklichen Leben um Terror und Gewalt gegenüber friedfertigen menschlichen Ordnungen geht, bietet sich der Literatur der »Gartenfrevel« als adäquates, einleuchtendes Bild. Schauplatz des Geschehens in dem Roman *Die Gärten der Finzi-Contini* von *Giorgio Bassani* (1962) ist ein Park im Hier und Jetzt, im Ferrara der zwanziger bis vierziger Jahre. Dieser Besitz hat für ein Stadtschloß fast märchenhafte Ausmaße und gehört seit Generationen der reichen, hoch gebildeten jüdischen Familie Finzi-Contini. Gartenfrevel geschieht in dem Roman von mehreren Personen und auf sehr unterschiedlichen Ebenen des menschenmöglichen Sündenregisters.

Es geht zunächst um ein eher läßliches Vergehen, einzuordnen unter die kombinierten Garten- und Liebesfrevel, und da ist es obendrein bei erfolglosen Versuchen geblieben. Das junge Töchterlein des Hauses, die 13jährige Micol, ermutigt den gleichaltrigen Sproß aus guter jüdischer Familie, die Ich-Person des Romans, mit Hilfe einer Leiter über die Mauer zu ihr in den Garten zu steigen, was mißlingt, da der Gärtner dazwischen kommt. Ein weiterer Versuch verbotener Mauerkletterei findet nicht statt, und so haben die Gefühle Zeit zu reifen. Erst Jahre später betritt der junge Mann das erste Mal den legendären Park, diesmal offiziell über die herrschaftliche Auffahrt und nicht allein, sondern mit einem Grüppchen der jüdischen Jeunesse dorée der Stadt. Man ist im Tennisdress und wird sich von nun an täglich bei den Finzi-Contini treffen, denn natürlich gibt es in dem Park auch einen Tennisplatz. Es ist das Jahr 1938, kurz vor zwölf für die italienischen Juden, nur wissen sie es nicht. Gerade ist Juden die Mitgliedschaft in italienischen Vereinen verboten worden, damit auch im Tennisclub. Die jungen Leute sind ein bißchen indigniert, aber was macht es, sie haben ihr Privatparadies, eben den Park der Finzi-Contini. Auch wenn es Paradiesfrüchte nicht zu pflücken, Lebenswasser nicht aufzufangen gibt, so bleiben doch kulinarisch auf einer profaneren Ebene keine Wünsche offen: auf silbernen Tabletts, in blitzenden Karaffen zaubert die Dienerschaft erlesene Häppchen und Getränke zur Teestunde neben den Tennisplatz.

Wegen seiner Größe ist der Park nur mit dem Fahrrad zu erkunden. Auf ausgedehnten Streifzügen macht Micol den Ich-Erzähler, von dem es sich zunächst so anläßt, als sei er der Erkorene, mit all dem bekannt: Gehölze und Baumalleen, Wiesenlichtungen, von Kletterrosen überwachsene Laubengänge, Gemüse- und Obstplantagen und vor allem die verschiedenen einheimischen und exotischen Bäume, zu denen sie eine fast magische Beziehung hat. Auch in die Wagenremise führt das Mädchen ihren Bewunderer, und daß das Verhältnis zwischen den beiden, das sich so knisternd und vielversprechend angelassen hatte, dann doch leidvoll und unerfüllt bleibt, mag dem aus Schüchternheit unterlassenen Liebesfrevel in der Wagenremise zuzuschreiben sein. Micol verläßt Ferrara für eine Weile, und im folgenden Sommer ist nichts mehr so, wie es war. Den Ich-Erzähler treibt die Eifersucht nachts dann doch noch über die Mauer; er glaubt, einem Nebenbuhler auf der Spur zu sein, der sich mit Micol im Gartenhäuschen trifft.

Die wirklichen Gartenfrevler werden dann ein paar Jahre später, 1944, legal über die Auffahrt kommen, vorbei an den kunstvollen Blumenrabatten. Sie haben die Finzi-Contini abgeholt und nach Deutschland deportiert, wo keiner der Familie überlebte. Diese schreckliche Vertreibung aus dem Paradies erfährt der Leser lakonisch in ein paar Sätzen gleich am Anfang des Romans, und so liegt über dieser schönen, scheinbar intakten, aber dem Untergang geweihten Welt ein Hauch von Vergeblichkeit und Melancholie. Rettung wäre gewiß möglich gewesen. Jenes warnende Donnergrollen – Rassengesetze, Ausgrenzungen, Verbote – war unüberhörbar. Aber Gewitter können vorüberziehen, Stürme können sich vor den kilometerlangen Parkmauern brechen. Der Garten versinnbildlicht die heile, geordnete Welt, das Leben aus der Fülle, autark und scheinbar keinem bösen Feind zugänglich. Doch schicksalssichere Einfriedungen um das, was er liebt und braucht und für schützenswert hält, vermag der Mensch nicht zu bauen. Im Ernstfall halten seine Bastionen gegen die Mächte der Finsternis nicht stand, seine gepflegten Gartenbeete sind leicht der Verwüstung anheimgegeben.

Der jüdische Dichter *Franz Baermann Steiner* hat in seinem langen ergreifenden Klagelied *Gebet im Garten* von 1947 für die Lichtseiten der menschlichen Existenz zunächst die Vision eines Gartens:

> Durch goldfarbenen herbststrauch
> Mildes licht strömt,
> In verklärter stille umwebt es die inseln der blumen,
> Sie haben noch die blauen, samtenen freuden, die letzten,
> Können noch speisen die steifer gespreiteten falter
> Mit nachhut der süße.
> Das laub ist noch grün, doch die früchte sind eingebracht,

Apfel und birne gelöst aus den zweigen;
Leidlos und lautlos ist solche vollendung:
Es ist nach der reife.

In kühleren schauern kündet der abend sich an,
Sonnenrot in fenstern, sanftes himmelsblaß.
Bald wird die nacht die ahnungen verhüllen,
Dunkel die fertigen zeichen löschen,
Hier und überm feld, hier und überm meer;
O am meer ... daß sich erbarm das erbarmen
der irrenden geschöpfe auf dem meer.

Bilder aus dem Reich der Schatten, Symbole für das Chaos schieben sich als böse Omen in die Idylle, kulminieren in immer neuen Verschlüsselungen des Grauens. Vorkenntnisse des Lesers sind nötig, um zu wissen, was damit gemeint ist: »die schreie auf dem meer, geziefer gepreßt zwischen faust und sturm, seelen halb aus dem körper gezogen«: die Schrecken des Holocaust, denen Steiner als einziger seiner Familie lebend entkommen konnte.

Die schönen Bilder menschgestalteter Natur erweisen sich im Nachhinein als Illusion. Es gibt keine rettende Oase, kein Refugium Garten:

Über die felder kommt ein frieren her,
Ich sehe meine blumen nicht mehr,
Im dunkeln steh ich, und der garten ist leer.
Wo sind die augen und weiten stunden,
Da ich die blumen gepflegt.
In erde gesenkt, an stäbe gelegt,
Wunsch und lustvergessen
Ein- und ausgereiht,
Aufgebunden, abgebunden ...
Sie kamen und gingen im leisen wind.
O welch ein frieren kommt her über die felder.

Der Gartenfrevel hat hier Dimensionen des Infernalischen und richtet sich schlechthin gegen alles, was menschliches Leben erhält und trägt – im Bild der Schönheit und Ordnung eines Gartens.

Ausblick

Wir sind der Idee des Gartens in der Literatur durch weite Zeit-
räume gefolgt. Ein langer Weg durch die Epochen, auf dem diese
Idee Metamorphosen durchgemacht und sich dem sich wan-
delnden Verhältnis zur Natur angepaßt hat. Als metaphysischer
Archetypus aber, ja als eine Art Kosmogramm, als literarischer
Topos blieb der Garten bis zur Gartenrevolution im 18. Jahrhundert bestimmt von ehrwürdigen Gestaltungselementen: den
Bäumen und Blumen, dem zu schön gefaßtem Quell und Lauf
gebändigtem Wasser, Betonung der Mitte als numinosem, him-
melverbundenem Ort, Rechtwinkligkeit der Wege und Begren-
zungen als Symbol für der ›puren Natur‹ – Wäldern und Wüsten mit all ihren Schrecknissen – abgewonnene Ordnung. Manipulation also der Natur im Kleinen, wobei das weite Draußen, die Natur im Großen mit ihren weder durchschaubaren,
noch durchweg menschenfreundlichen Gesetzen weitgehend
unangetastet blieb.

Das ist anders geworden. Die Industrielandschaften Europas, die urbanen Megazentren der Dritten Welt, domestizierte
Flußläufe, dezimierte Urwälder – der moderne Mensch ›gestaltet‹ die Natur zu seinem materiellen Nutzen, greift korrigie-
rend und reglementierend in ihre Regelsysteme ein. Das ist eine
Perversion der Gartenidee, aus menschlicher Hybris geboren,
und es fragt sich, wieviel Manipulation dieser rigorosen Art die
Natur auf Dauer vertragen kann. Das Draußen der sogenannten ›freien Landschaft‹ droht zu einer neuen, menschgemachten
Wüste zu werden, und damit definiert sich auch der ›Garten‹
als das Andere, Umhegte, dem Menschen Überantwortete neu.
Ihm wachsen damit dem Bisherigen durchaus konträre Funktionen zu: der Garten als ›Oase Noah‹. Das Gartengrundstück
kann, entgegen den ästhetischen Grundprinzipien aller Zeiten
und Kulturen, zum Reservat für bedrohte Flora und Fauna
werden, wo der Mensch nicht durchsetzt und zwingt, sondern
behutsam eingreift und möglichst weitgehend geschehen läßt.

Naturnahe Gärten mit dieser Philosophie im Hintergrund
haben wohl noch keinen Dichter oder Schriftsteller gefunden,
sie zu beschreiben und bewußt den ›schönen‹, den kunst-vol-

len Gärten entgegen – oder zumindest an die Seite zu stellen. So wird schließlich und endlich doch noch ein Gartentheoretiker zu Wort kommen, einer jener Menschen also, die von der Antike her bis in die Gegenwart die Arbeiten der Praktiker an ihren Gartenplänen und in ihren Beeten philosophierend – und zumeist einen idealen Soll-Zustand propagierend – mit ihren theoretischen Schriften begleitet haben.

Für den holländischen Gartengestalter und -theoretiker *Louis LeRoy* (geb. 1924) bedeutet die Konzeption eines ökologisch ausgerichteten Gartens bewußt das Gegenbild zur modernen Industrielandschaft. »Im Garten muß die Natur der Meister sein, und der Besitzer ist der Lehrling. Der Lehrling ist beim Meister zu Besuch. Als Gast unterwirft man sich den Regeln des Hauses.« Die Anlage des Gartens soll »so weit wie möglich einem Vegetationsmuster nahekommen, das für dieses Stück Boden gelten würde, wenn die Natur ihren Lauf nehmen dürfte.«

LeRoy wendet sich strikt dagegen, die Natur zähmen, ordnen und den technischen Errungenschaften anpassen zu wollen. Auch das Gärtnern bekommt unter diesem Gesichtspunkt eine zusätzliche, geradezu pädagogische Dimension:

Wenn es einen Ort gibt, an dem wir Erfahrungen sammeln können in bezug auf das, was mit unserer Umgebung geschieht, wenn wir die Maschine nicht mehr als Credo der schöpferischen Arbeit des Menschen betrachten, dann ist das unser Garten.

Und schließlich, wovon in keinem literarischen Gartentext je die Rede war:

Die Zahl verschiedener Lebewesen, die unser Lebensklima mitbestimmt, muß so groß wie möglich werden (Partizipation). Dies ist nur möglich, wenn die Zahl kleiner Habitate so groß wie möglich wird. Im allgemeinen entgehen uns all die wichtigsten natürlichen Prozesse, die sich um uns herum abspielen, weil wir noch immer mit der Vorstellung herumlaufen, daß der Mensch als wichtigster Bewohner der Erde angesehen werden muß.

Der Frevel wider das ökologische Gleichgewicht ist der wahre Sündenfall, die Hybris des menschzentrierten Weltbildes kann im Garten als dem Mikrokosmos unseres Hier und Jetzt überwunden werden.

Unterwegs nach Eden, doch noch immer – und jetzt erst recht? – Lichtjahre vom Ziel entfernt.

Quellenverzeichnis

S. 110: Achilles Tatius: *The Adventures of Leucippe and Clitophon*. With an English Translation by Stephen Gaselee, Cambridge 1961, S. 45f. [aus dem Englischen übersetzt von Helga Volkmann]

S. 66: Addison, Joseph: *Heiterkeit und Behagen*, in: Spectator, Nr. 477 vom 6. 9. 1712, zit. nach: Friedrich Georg Jünger: Gärten im Abend- und Morgenland, München 1960, S. 145f.

S. 142f.: Afanasjew, Alexander N.: *Baldak Borisjewitsch*, in: Russische Volksmärchen. Aus dem Russischen neu übertragen von Swetlana Geier, München 1985, S. 751

S. 55f.: Alanus de Insulis: *In dieser Stadt ...*, zit. nach: Lottlisa Behling: Die Pflanzenwelt der mittelalterlichen Kathedralen, Köln 1964, S.60

S. 56f.: Albertus Magnus (Albert Graf von Bollstädt) über seinen Wintergarten, in: Deutsche Sagen. Hg. von den Brüdern Grimm, Berlin 1956, S. 465

S. 17: –: *De vegetabilibus*, 14. Kapitel: De plantatione viridariorum, zit. nach: Clemens Alexander Wimmer: Geschichte der Gartentheorie, Darmstadt 1989, S. 21f.

S. 108: Altägyptisches Liebeslied, zit. nach: Adolf Erman: Die Literatur der Ägypter, Leipzig 1923, S. 311

S. 33, 76f.: Andersen, Hans Christian: Sämtliche Märchen und Geschichten. Hg. von Leopold Magon, übertragen von Eva-Maria Blühm, Leipzig 1953. Darin: *Der Gärtner und die Herrschaft*, Bd. 2, S. 617f.; *Der Garten des Paradieses*, Bd. 1, S. 226f.

S. 117f.: Ariosto, Ludovico: *Der rasende Roland*, in: ders., Sämtliche poetische Werke. Übertragen von Alfons Kissner, Berlin 1922, 6. Gesang, S. 110

S. 86ff.: Arnim, Bettina von: *Tagebuch der Liebe. Gedichte, Prosa, Briefe*. Hg. von Gerhard Wolf, Frankfurt 1985, S. 73f.

S. 30: Arnim, Elizabeth von: *Elizabeth und ihr Garten*. Aus dem Englischen von Adelheid Dormagen, Frankfurt 1990, S. 21

S. 153f.: Bassani, Giorgio: *Die Gärten der Finzi-Contini*. Aus dem Italienischen von Herbert Schlüter, München 1983

S. 44, 108: Die Bibel nach der Übersetzung Martin Luthers, Stuttgart 1979. Darin: *Hesekiel 47*, 12; *Die Offenbarung des Johannes*, 22, 1-2; *Das Hohe Lied Salomos*, 4. 12-16, 6. 2-3

S. 40, 58f.: Boccaccio, Giovanni: *Das Dekameron*. Deutsch von Albert Wesselski, Frankfurt 1972, S. 231f.

S. 116: –: *L' amorosa visione*. A cura di Vittore Branca, Bari 1939

S. 116: Boiardo, Matteo Maria: *Bojardos verliebter Roland*. Deutsch von J. D. Gries, neu hg. von Wilhelm Lange, Leipzig 1920

S. 34: Bowles, Paul: *The Garden*, in: ders., Collected Stories 1939–1976, Santa Rosa 1991, S. 363f. [übersetzt von Helga Volkmann]

S. 38: Brecht, Bertolt: *Vom Sprengen des Gartens*, in: Die Gedichte von Bertolt Brecht in einem Band, Frankfurt 1981, S. 861

S. 38: –: *Journale 2*, in: ders., Werke. Hg. von Werner Hecht u. a., Berlin 1995, S. 130

S. 21: Brentano, Clemens: *Die Chronika des fahrenden Schülers* (Urfassung), in: ders., Werke. Hg. von Friedhelm Kemp, München 1963, Bd. 2, S. 514f.

S. 75: –: *Das Märchen von Gockel, Hinkel und Gackeleia*, in: ders., Werke. Hg. von Friedhelm Kemp, München 1963, Bd. 3

S. 97f.: Burnett, Frances Hodgson: *Der geheime Garten.* Aus dem Englischen übersetzt von Friedel Hömke, Hildesheim 1996, S. 30, 126, 176

S. 103f.: Caroll, Lewis: *Alice im Wunderland.* Übersetzt von Christian Enzensberger, Frankfurt 1963, S. 15, 79f., 125

S. 92f.: Carossa, Hans: *Der Garten*, in: ders., Gesammelte Werke, Wiesbaden 1949, Bd. 2, S. 26f.

S. 121: Chaucer, Geoffrey: *Chaucers Canterbury-Geschichten.* Aus dem Englischen von Wilhelm Hertzberg, Leipzig 1900, S. 353, 390

S. 51: Diodoros: *Griechische Weltgeschichte* Buch I–X. Übersetzt von Gerhard Wirth u. a., Stuttgart 1992, Buch II.10, S. 146

S. 36f.: Dorst, Tankred: *Grindkopf. Libretto für Schauspieler*, Frankfurt 1986, S. 41, 45

S. 65f., 69f., 128: Eichendorff, Joseph v.: Neue Gesamtausgabe. Hg. von Gerhart Baumann, Stuttgart 1957. Darin: *Die Glücksritter*, Bd. 2, S. 912f.; *Es glänzt der Tulpenflor...* in: Erlebtes, Bd. 2, S. 1029f.; *Tagebücher 1798–1815*, Bd. 3, S. 199; *Das Marmorbild*, Bd. 2, S. 321f.

S. 137f.: *Enki und Ninhursag*, zit. nach: Samuel N. Kramer: Geschichte beginnt mit Sumer. Berichte von den Ursprüngen der Kultur. Deutsch von Paul Baudisch, München 1959, S. 110

S. 152: Enzensberger, Hans Magnus: *Fremder Garten*, in: ders., Die Gedichte, Frankfurt 1957, S. 35

S. 60f.: Erasmus von Rotterdam: *Das geistliche Abendmahl*, in: ders., Ausgewählte Schriften. Hg. und übersetzt von Werner Welzig, Darmstadt 1967, Bd. 6, S. 23f.

S. 46, 124: *Die Erzählungen aus den 1001 Nächten.* Nach dem arabischen Urtext übertragen von Enno Littmann, 6 Bände, Wiesbaden 1953. Darin: *Die Geschichte von 'Alâ ed-Dîn und der Wunderlampe*, Bd. 2, S. 678; *Die Geschichte von Dschanschâh*, Bd. 4, S. 18f.

S. 112f.: Fleck, Konrad: *Flore und Blancheflur.* Nach dem Mittelhochdeutschen übersetzt von Karl Pannier, Leipzig 1915, S. 35, 146

S. 89: Fontane, Theodor: *Wanderungen durch die Mark Brandenburg.* Hg. von Edgar Gross, München 1960, Bd. 11, S. 187

S. 134: Fried, Erich: *Die guten Gärtner*, in: ders., Liebesgedichte, Berlin 1982

S. 55: *Die altdeutsche Genesis.* Nach der Wiener Handschrift hg. von Viktor Dollmayr, Halle 1932, Vers 460f. [übertragen von Helga Volkmann]

S. 84: George, Stefan: *Das Jahr der Seele*, in: ders., Werke, München 1983, Bd. 1, S. 123

S. 45, 139: *Das Gilgamesch-Epos.* Übersetzt und mit Anmerkungen versehen von Albert Schott, Stuttgart 1988, 5. Tafel, S. 46f., 9. Tafel, S. 78

S. 22ff., 25, 68f., 146f.: Goethe, Johann Wolfgang: in: ders., Sämtliche Werke (Artemis Gedenkausgabe). Hg. von Ernst Beutler u.a., Zürich 1977. Darin: *Die Wahlverwandtschaften*, Bd. 9, 1. Kap. S. 9f., 9. Kap. S. 203f.; *Die italienische Reise*, Bd. 11, S. 262; *Der neue Paris*, Bd. 10, S. 63f.; *Dichtung und Wahrheit*, Bd. 10, S. 45f.

S. 46: Brüder Grimm: Die Kinder- und Hausmärchen. Hg. von Heinz Rölleke, Stuttgart 1980, darin: *Die zertanzten Schuhe*, Nr. 133, S. 217f.; *Rapunzel*, Nr. 12, S. 87f.

S. 61f.: Grimmelshausen, Hans Jakob Christoffel: *Der abenteuerliche Simplicissi-mus*. Hg. von Alfred Kelletat, München 1963, 23. Kap., S. 585f.

S. 106, 115: Guillaume de Loris: *Der Rosenroman*. Übersetzt und eingeleitet von Gustav V. Ineichen, Berlin 1956, S. 43f.

S. 111f.: Hartmann von Aue: *Erec*. Neuhochdeutsche Textübertragung von Tho-mas Cramer, Frankfurt 1972, S. 381f.

S. 19f.: Helmhard von Hohberg, Wolfgang: *Georgica curiosa*, Nürnberg 1682, 4. Buch, 2. Teil, S. 527

S. 54: Herrad von Landsberg: *Hortus deliciarum*, zit. nach: Marie Luise Gothein: Geschichte der Gartenkunst, Jena 1926, Bd. 1, S. 188

S. 57f.: *Herzog Ernst*. In der mittelhochdeutschen Fassung (B) hg. und übersetzt von Bernhard Sowinski, Stuttgart 1979, S. 151

S. 44: Hesiod: *Werke und Tage*, in: ders., Sämtliche Werke. Deutsch von Thassilo von Scheffer, Leipzig 1965, Vers 160f., S. 58

S. 30f., 80f.: Hesse, Hermann:, in: ders., Gesammelte Dichtungen, Berlin 1952. Darin: *Stunden im Garten*, Bd. 5, S. 325f.; *Klingsors letzter Sommer*, Bd. 3, S. 555f.

S. 57: Hildebert, Bischof von Tours: *De ornatu mundi*, zit. nach: Marie Luise Gothein: Geschichte der Gartenkunst, Jena 1926, Bd. 1, S. 431

S. 63: Hirschfeld, C.C.L.: *Theorie der Gartenkunst*, Leipzig 1779, Bd. 1, S. 117f.

S. 75f., 95f., 128, 131: Hoffmann, E.T.A.: Werke. Hg. von Walter Müller-Seidel u.a., Darmstadt 1978, darin: *Der goldene Topf*, Fantasie- und Nachtstücke, S. 212, 225; *Das fremde Kind*, Die Serapionsbrüder, S. 486f., 493; *Datura fastuosa*, Späte Werke, S. 495, 523

S. 132: Hofmannsthal, Hugo von: *Das Märchen der 672. Nacht*, in: ders., Gesam-melte Werke. Die Erzählungen. Hg. von Herbert Steiner, Stockholm 1946, S. 24f.

S. 14, 47: Homer: *Odyssee*. Übertragen von Anton Weiher, München 1980, 7. Ge-sang, S. 181f., 24. Gesang, S. 650f.

S. 93f.: Huch, Ricarda: *Zwei Gärten*, in: dies., Gesammelte Werke. Hg. von Wil-helm Emrich, Köln 1960, Bd. 5, S. 310

S. 35: Kaiser, Georg: *Der Gärtner von Toulouse*, in: ders., Werke. Hg. von Walther Huder, Frankfurt 1979, Bd. 3, S. 513f., 559f.

S. 150f.: Kaschnitz, Marie Luise: *Adam und Eva*, in: dies., Gesammelte Werke. Hg. von Christian Büttrich und Norbert Miller, Bd. 4, S. 67f.

S. 151f.: –: *Der alte Garten. Ein Märchen*, Düsseldorf 1975, S. 263, 289

S. 90f.: Katzantzakis, Nikos: *Rechenschaft vor El Greco*, Berlin 1964, Bd. 1, S. 31

S. 101f., 103: Lagerlöf, Selma: *Wunderbare Reise des kleinen Nils Holgersson mit den Wildgänsen*. Übersetzt von Pauline Klaiber-Gottstau, München 1948, S. 194, 197, 200

S. 89f.: Lamartine, Alphonse de: *Discours aux jardiniers*, in: ders., Lectures pour tous, Paris 1860, S. 435 [übersetzt von Helga Volkmann]

S. 135, 145: *Laurin*, in: Die Deutsche Literatur. Texte und Zeugnisse. Bd. 1/2. Hg. von Helmut de Boor, München 1965, S. 1368f. [übertragen von Helga Volk-mann]

S. 157: LeRoy, Louis G.: *Natur ausschalten – Natur einschalten*, zit. nach: Cle-mens Alexander Wimmer: Geschichte der Gartentheorie, Darmstadt 1989, S. 393f.

S. 49f.: Longus: *Daphnis und Chloe*. Deutsch von Ludwig Wolde, Leipzig 1955, S. 101, 134

S. 48f.: Lukian: *Die wahren Geschichten II*, in: ders., Hauptwerke griechisch und deutsch. Hg. und übersetzt von Karl Mras, München 1954, S. 385f.

S. 79f.: Mann, Thomas: *Joseph und seine Brüder*, 2. Band: Joseph der Ernährer, in: ders., Stockholmer Gesamtausgabe, Stockholm 1948, 3. Hauptstück, S. 1579f.

S. 90: May, Karl: *Mein Leben und Streben*. Hg. von Paul Haiker, Hildesheim 1975, S. 14

S. 72f., 148ff.: Mörike, Eduard: Sämtliche Werke. Hg. von Herbert Göpfert, Frankfurt 1965, darin: *Maler Nolten*, S. 751, 763; *Mozart auf der Reise nach Prag*, S. 1037, 1039, 1046, 1056

S. 125f.: Musäus, J. K. A.: *Melechsala*, in: ders., Volksmärchen der Deutschen, Frankfurt 1965, S. 168

S. 44: Ovid (Publius Ovidius Naso): *Metamorphosen*. In deutsche Hexameter übertragen und hg. von Erich Rösch, München 1990, Liber I, S. 107f.

S. 70ff.: Paul, Jean: *Titan*, in: ders., Sämtliche Werke. Hg. von Eduard Berend, Weimar 1933, Bd. 8, 1. Zyrkel, S. 8, 14f.

S. 143f.: *Petersilchen*, in: Märchen aus Frankreich. Hg. von Ulf Diederichs. Aus dem Französischen von Felix Karlinger u.a., München 1989, Nr. 33, S. 254 f.

S. 52f.: Plinius der Jüngere: *Briefe*. Deutsch von Helmut Kast, Berlin 1982, Buch 5, 6. Brief, S. 263, 270f.

S. 109: Polo, Marco: *Die Reisen des Venezianers Marco Polo im 13. Jahrhundert*. Hg. von Hans Lemke, Hamburg 1907, S. 110f.

S. 81f., 91f.: Proust, Marcel: *Auf der Suche nach der verlorenen Zeit*. Deutsch von Eva Rechel-Mertens, Frankfurt 1961, Bd. 1 und 2, S. 182, 551, 558, 563

S. 83f.: Ransmayr, Christoph: *Die letzte Welt*, Nördlingen 1988, S. 15, 48f.

S. 17: Rapin, André: *Hortorum libri quatuor* lib. IV, zit. nach: Marie Luise Gothein: Geschichte der Gartenkunst, Jena 1926, Bd. 2, S. 46

S. 89: Richter, Ludwig, zit. nach: Wieviel Garten braucht der Mensch? Würzburger Universitätsvorträge. Hg. von Günther Bittner und Paul-Ludwig Weinacht, Würzburg 1990, S. 175

S. 32f., 84f.: Rilke, Rainer Maria: Sämtliche Werke. Hg. vom Rilke-Archiv, besorgt durch Ernst Zinn, Frankfurt 1966, darin: *Worpswede*, Bd. 5, S. 117f.; *Sonette an Orpheus*, Bd. 1, S. 762

S. 67f.: Rousseau, Jean-Jacques: *Julie oder die neue Héloise*. In der ersten deutschen Übertragung von Gottfried Gellius, München 1978, 4. Buch, 11. Brief, S. 492f.

S. 78f.: St. Pierre, Bernardin de: *Paul und Virginie*. Deutsch von Friedrich Hörlek, Leipzig 1905, S. 28f.

S. 47: Sappho. *Muse des äolischen Eresos*. Hg. und neu übertragen von Stefanie Preiswerk-zum Stein, Frankfurt 1990, S. 81 [Übersetzung Max Treu]

S. 154f.: Steiner, Franz Baermann: *Gebet im Garten*, in: Akzente, Zeitschrift für Literatur. Hg. von Michael Krüger, Oktober 1992, S. 421

S. 130f.: Stifter, Adalbert: *Der Nachsommer. Eine Erzählung*. Hg. von Max Stefl, Darmstadt 1963, S. 544f.

S. 25, 27, 28f.: –: Studien. Hg. von Max Stefl, Darmstadt 1963. Darin: *Brigitta*, Bd. 2, S. 214f.; *Zwei Schwestern*, S. 465, 480f., 527, 549; *Die Mappe meines Urgroßvaters*, Bd. 1, S. 472

S. 26: *Adalbert Stifter. Sein Leben in Selbstzeugnissen, Briefen und Berichten*. Hg. von Karl Privat, Berlin 1947, S. 288

S. 18f.: Strabo, Walahfried: *Hortulus*. Hg. von Hans Dieter Stoffler, Sigmaringen 1987, S. 75, 83

S. 31f.: Strindberg, August: *Mein Garten*, in: ders., Werke. Ins Deutsche übertragen von Tabitha von Bonin, München 1957, Bd. 5, S. 237f

S. 118ff.: Tasso, Torquato: *Das befreite Jerusalem*, in: ders., Werke und Briefe. Übersetzt von Emil Staiger, München 1978, 14. Gesang, S. 512f., 16. Gesang, S. 536f.

S. 53f.: Tiberianus: *Zwischen grasigen Gefilden...*, zit. nach: Ernst Robert Curtius: Europäische Literatur und lateinisches Mittelalter, Bern 1948, S. 201

S. 74: Tieck, Ludwig: *Die Elfen*, in: ders., Werke. Hg. von Eduard Berend, Berlin 1908, 1. Teil, S. 137f.

S. 85: Trakl, Georg: Gedichte. Hg. von Marie Luise Kaschnitz, Frankfurt 1974, darin: *Der Schatten*, S. 86; *Herbstliche Heimkehr*, S. 120

S. 15f.: Vergil: Werke in einem Band. Aus dem Lateinischen übertragen von Dietrich Ebener, Berlin 1983, darin: *Lied vom Landbau*, 1. Gesang, Seite 76, 4. Gesang, S. 120f.; *Kleine Gedichte*, Nr. 3, S. 4

S. 133: Wagner, Richard: *Parsifal. Ein Bühnenweihfestspiel*. Hg. von Georg Richard Kruse, Leipzig o. J., 2. Aufzug, S. 51

S. 99f.: Wells, H.G.: *The Door in the Wall*, in: ders., The Country of the Blind and other Stories, Leipzig 1926, S. 56f., 59 [übersetzt von Helga Volkmann]

S. 64: Weiße, Christian Felix: *Dein Garten ist ...*, zit. nach: C. C. L. Hirschfeld: Theorie der Gartenkunst, Leipzig 1779, Bd.1, S.119

S. 20f., 122f.: Wieland, Christoph Martin: *Oberon*, in: ders., Sämtliche Werke VII. Hg. von der Hamburger Stiftung zur Förderung von Wissenschaft und Kultur u.a., Hamburg 1984, Bd. 22 und 23, 6. Gesang, S. 278, 8. Gesang, S. 75, 85, 11. Gesang, S. 206.

S. 96f.: Wilde, Oscar: *Der eigensüchtige Riese*, in: ders., Erzählungen und Märchen. Aus dem Englischen von Franz Blei und Christine Hoeppner, Frankfurt 1997, S. 37, 40

S. 39: Zbigniew Herbert: *In der Werkstatt*, in: ders., Inschrift. Hg. und übertragen von Karl Dedecius, Frankfurt 1973

S. 85: Zeller, Eva: *Zu guter Letzt*, in: dies., Stellprobe. Gedichte, Stuttgart 1989

Abbildungsverzeichnis

Seite 11: in: Pietro de Crescenzi, De Ruralium Commodorum, Paris 1486, o. S.

Seite 41: Cedro di Fiorenza in Herrn Chr. Führer von und zu Heymendorff auf Wolkersdorff garten allhie, in: Johannes Volkamer, Nürnbergische Hesperides, Nürnberg 1708 [Nachdruck 1987]

Seite 87: Der kleine Gärtner, in: Mutter- und Koselieder. Dichtung und Bilder zur Pflege des edlen Kindes. Ein Familienbuch von Friedrich Fröbel, Blankenburg bei Rudolstadt o.J., S. 43

Seite 106: Einleitungsbild zum »Großen Rosengarten«, in: Heldenbuch, o.O. 1479, o. S.

Seite 136: Albrecht Dürer, Adam und Eva, Kupferstich 1504

Pflanzenregister

In den Gartentexten der Literatur sind natürlich viele Gewächse der verschiedensten Art erwähnt: Blumen, Bäume, Sträucher, Gemüse und Kräuter. Allerdings ist eine botanisch exakte Bezeichnung von Pflanzen nicht zu erwarten. Kaum jemals wird eine bestimmte Art genannt, sondern meistens nur die Gattung. Auch diese ist, besonders wenn es sich um übersetzte Texte handelt, nicht immer eindeutig zu identifizieren.

Das Register gibt Aufschluß darüber, welche Pflanzen in den literarischen Texten vorkommen und mit welcher Häufigkeit sie erwähnt werden.

Fruchtbäume oder -sträucher werden unter der Frucht alphabetisiert. Falls nicht anders vermerkt, richtet sich die Nomenklatur nach:

Encke/Buchheim/Seybold: Zander – Handwörterbuch der Pflanzennamen, Stuttgart 1979.

Marzell = Heinrich Marzell: Wörterbuch der deutschen Pflanzennamen, Leipzig 1943

Hepper = F. Nigel Hepper: Pflanzenwelt der Bibel, Stuttgart 1992

Agathis → Kaurifichte
Ahorn – *Acer campestre* 68, 115
Akanthus – *Acanthus* 15, 53
Akazie – *Acacia* 81, 82
Akelei – *Aquilegia* 56, 98
Aloe – *Aloe* 79, 108
Amarant → Fuchsschwanz
Amaryllis – *Amaryllis* 131
Ampfer (Gartenampfer) – *Rumex patientia* 77
Anemone – *Anemone* 132
Anis – *Pimpinella anisum* 48, 115
Apfel – *Malus* 14, 16, 19, 32, 47, 48, 49, 57, 61, 62, 88, 90, 115, 119, 135, 139, 149, 155
Artischocke – *Cynara scolymus* 32
Aurikel – *Primula auricula* 24
Avogadobirne (Avocado) – *Persea* 78

Baldrian – *Valeriana officinalis* 125
Balsamine – *Impatiens balsamina* 55
Balsamkraut (Springkraut) – *Chrysanthemum balsamita* 67, 108, 126
Basilikum (Basilienkraut) – *Ocimum basilicum* 91, 124
Birne – *Pyrus communis* 14, 32, 47, 49, 57, 61, 89, 93, 115, 149, 155

Blumenkohl – *Brassica oleracea botrytis* 32
Blutbuche – *Fagus sylvatica* 80, 115
Bohne – *Phaseolus* 31, 89
Brennende Liebe – *Lychnis chalcedonica* 89
Brennessel – *Urtica* 37
Brombeere – *Rubus fruticosus* 65
Brotbaum – *Artocarpus altilis* 79
Buche – *Fagus* 128, 152
Buchs, Buchsbaum – *Buxus sempervirens* 30, 96, 126

Catappa (Trompetenbaum?) – *Catalpa* 78

Dahlie → Georgine
Dattelpalme – *Phoenix dactylifera* 78, 115, 126
Datura (Stechapfel, Engelstrompete) – *Datura* 129
Distel – *Carduus* 13

Efeu – *Hedera helix* 15, 53, 65, 90, 126, 130, 131
Eglantine (Wein-Rose) – *Rosa eglanteria* [Marzell] 124

Eiche – *Quercus* 27, 44, 115
Eisenhut – *Aconitum cepa* 89, 93
Endivie – *Cichorium endivia* 15
Eppich → Efeu [Marzell]
Erbse – *Pisum sativum* 20, 31
Erdbeere – *Fragaria vesca* 32, 102
Esche – *Fraxinus excelsior* 115
Eschenwurz (Diptam) – *Dictamnus albus* [Marzell] 117
Eukalyptus – *Eucalyptus* 80

Fackeldistel (Säulenkaktus?) – *Cereus* 79
Feige – *Ficus carica* 14, 47, 49, 55, 61, 119
Fenchel – *Foeniculum dulce* 55
Feuerlilie – *Lilium bulbiferum* 89, 151
Flechten – *Lichénes* 83
Flieder – *Syringa* 32, 67, 91
Fuchsschwanz (Amarant) – *Amaranthus caudatus* 89

Gauchheil – *Anagallis arvensis* 49
Geißblatt – *Lonicera caprifolium* oder *heckrottii* 67, 126
Georgine (Dahlie) – *Dalia* 94
Ginster (Färberginster) – *Genista tinctoria* 65, 67
Glockenblume – *Campanula* 98
Glyzinie (Glyzine, Blauregen) – *Wisteria sinensis* 80
Granat, Granatapfel – *Punica granatum* 34, 47, 49, 62, 115, 139
Gräser – *Gramineae* 59, 67, 95, 97, 115
Gujave (Guayave) – *Psidium guajava* 78
Gurke – *Cucumis sativus* 15, 89

Hahnenfuß – *Ranunculus* 92
Hartriegel (Kornelkirsche) – *Cornus mas* 68
Haselnuß → Nuß
Heidekraut – *Calluna vulgaris* oder *Erica* 20
Herzkirsche – *Prunus avium juliana* 32
Himbeere – *Rubus idaeus* 67
Holunder – *Sambucus niger* 67, 90, 94
Hopfen – *Humulus lupulus* 67, 102
Hortensie – *Hydrangea* 89
Hyazinthe – *Hyacinthus orientalis* 16, 25, 29, 49, 107

Immergrün (Singrün) – *Vinca* 92, 115
Iris (Schwertlilie) – *Iris germanica* 56, 92, 98, 107

Jamrose (Rosenapfel) – *Syzygium jambos* 79
Jasmin – *Jasminum* 32, 59, 67, 91, 93, 131
Johannisbeere – *Ribes sylvestre* 67, 89, 102
Judasbaum – *Cercis siliquastrum* 80

Kalmus – *Acorus* 108
Kapern – *Capparis spinosa* 138
Kapuziner (Kapuzinerkresse) – *Tropaeolum* 31, 91
Kartoffel – *Solanum tuberosum* 32
Kastanie – *Castanea* 71, 80, 82, 115
Kaurifichte – *Agathis* 78
Kirsche – *Prunus avium* oder *cerasus* 88, 102, 115
Klee – *Trifolium* 67
Kohl – *Brassica* 20, 31, 102
Kokospalme – *Cocos nucifera* 61
Kopfsalat – *Lactuca* 37, 89
Kresse – *Lepidium* 55
Krokus – *Crocus* 53, 55, 107
Krummholzfichte – *Pinus mugo* 15
Küchenpolei (Quendel) – *Thymian serpyllum* 67
Kürbis – *Cucurbita* 16

Lack (Goldlack?) – *Cheiranthus* 89
Lattich – *Lactuca sativa* 55
Lavendel – *Lavandula angustifolia* 55
Levkoje – *Matthiola* 16, 29, 89
Liane – Waldrebe [Marzell] 80
Liguster – *Ligustrum* 118
Lila, persischer (Flieder) – *Syringa vulgaris* [Marzell] 78
Lilie – *Lilium bulbiferum* oder *candidum* 16, 49, 53, 56, 74, 75, 95, 98, 108, 117, 118
Linde – *Tilia europaea* 130, 148
Lorbeer – *Laurus nobilis* 49, 53, 71, 117, 121, 148
Lotos, weißer – *Nymphaea lotus* 80
Löwenmaul – *Antirrhinum majus* 31

Majoran – *Origanum majorana* oder *vulgaris* 67

Mandel – *Prunus dulcis* 115
Mango (Mangopflaume) – *Spondias* 78
Maulbeere – *Morus* 83
Melone – *Cucumis melo* 61, 71
Mimose – *Mimosa* 91
Minze (Pfefferminze) – *Mentha piperita* 55
Mispel – *Mespilus* 115
Mohn – *Papaver orientale* 16, 93, 94
Moos – *Bryophyta* 53, 69, 83, 95, 126
Myrrhe – *Commiphora* 108
Myrte – *Myrtus* 15, 49, 53, 56, 82, 117, 122

Narde – *Nardostachys jatamansi* [Hepper] 108
Narzisse – *Narcissus* 15, 49, 57, 107, 110, 132
Nelke (Gartennelke) – *Dianthus caryophyllus* 24, 25, 29, 69, 86, 89, 95
Nelkenwurz – *Geum urbanum* 115
Nuß – *Corylus avelana* 61, 67, 115, 147

Oleander – *Nerium oleander* 35, 148
Olive – *Olea europaea* 14, 47, 49, 77, 115
Orange – *Citrus sinensis* 28, 59, 71, 78, 117

Palme – *Phoenix dactylifera* 57, 76, 80, 89, 117
Päonie (Pfingstrose) – *Paeonia lactiflora* 55
Papaya – *Carica papaya* 78
Pappel – *Populus* 88
Paradieskraut – *Amomum Malegueta* [Marzell] 115
Petersilie – *Petroselinum* 32, 143, 144
Pfeffer – *Piper nigrum* 55, 115
Pfirsich – *Prunus persica* 25, 48, 96, 115
Pflaume – *Prunus domestica* 90, 115
Pilze – *Fungi* 104
Pinie – *Pinus pinea* 49, 74, 115, 148
Platane – *Platanus* 49, 52
Pomeranze – *Citrus aurantium* 61, 123, 148, 149
Primel – *Primula* 89
Prunkwinde – *Ipomoea* 30

Quecke – *Agropyron repens* 37
Quendel → Küchenpolei
Quitte – *Cydonia* 115

Radieschen – *Raphanus sativus* 32
Rapunzel – *Campanula rapunculus* 143
Raute – *Ruta graveolens* 55
Rebe (Traube, Wein) – *Vitis vinifera* 14, 16, 25, 28, 30, 32, 45, 47, 48, 49, 57, 59, 61, 65, 71, 86, 91, 119, 126, 150
Reineclaude – *Prunus domestica italica* 32
Reis – *Oryza* 79
Reseda – *Reseda odorata* 131
Riesenhanf – *Cannabis sativa* 93
Ringelblume – *Calendula officinalis* 55
Rittersporn – *Delphinium* 98, 99
Rose – *Rosa* 15, 18, 25, 29, 32, 47, 49, 53, 56, 57, 59, 67, 72, 74, 75, 89, 95, 101, 104, 107, 110, 117, 119, 120, 124, 131, 138, 145
Rosmarin – *Rosmarinus officinalis* 125
Rotbuche → Blutbuche

Safran – *Crocus sativus* 15, 107, 108
Sagopalme – *Metroxylon sagu* 70, 71
Salat → Kopfsalat
Salbei – *Salvia officinalis* 56
Salpiglossis → Trompetenzunge
Sammetblume – *Tagetes* 91
Schneeball – *Viburnum* 131
Schote → Erbse
Schwertlilie → Iris
Seerose – *Nymphaea alba* 76
Seidenblume (Seidenpflanze?) – *Asclepias* 71
Sellerie – *Apium graveolens* 15
Singrün → Immergrün
Sommermagnolie – *Magnolia sieboldii* oder *M. virginiana* 80
Sonnenblume – *Helianthus annuus* 93, 94
Spargel – *Asparagus officinalis* 32
Spierling (Speierling) – *Sorbus domestica* 115
Spinat – *Spinacea* 32
Stachelbeere – *Ribes uva-crispa* 89, 102
Stechpalme – *Ilex* 68
Süßholz – *Glycyrrhiza glabra* 115

Tamarinde – *Tamarindus* 78, 126
Tanne – *Abies* 88, 101, 115
Taxus (Eibe) – *Taxus* 65, 86, 87
Thymian – *Thymus vulgaris* 15, 67
Tomate – *Lycopersicon* 152

Traube → Rebe
Trompetenzunge – *Salpiglossis* 93
Tulpe – *Tulipa* 25, 29, 65, 74, 80, 95
Tulpenbaum – *Liriodendron tulipifera* 71, 93
Türkischer Mohn → Mohn

Ulme – *Ulmus* 115, 152

Veilchen (Viole) – *Viola odorata* 49, 53, 56, 89, 107, 110, 115, 131
Vergißmeinnicht – *Myosotis* 92
Viole → Veilchen

Wachsblume – *Hoya, Asclepias carnosa* 132
Waldrebe – *Clematis vitalba* 67, 80
Wasserdost – *Eupatorium* 92
Wasserlilie → Seerose
Wegerich – *Plantago* 138
Weihrauch – *Boswellia* 47, 108
Wein → Rebe
Weißbuche – *Carpinus* 115

Weißdorn – *Crataegus* 68
Weiße Winde (Zaunwinde?) – *Calystegia sepium* 67
Weizen – *Triticum* 48
Wilder Jasmin – *Syringa vulgaris* [Marzell] 67
Wilder Wein – *Parthenocissus quinquefolia* 67, 82

Zaunrübe – *Bryonia* 67
Zeder – *Cedrus libani* 57, 80, 139, 152
Zimt (Zimmet) – *Cinnamomum aromaticum* 55, 108, 138
Zinnie – *Zinnia* 31
Zitrone – *Citrus limon* 59, 61, 68, 72, 78, 80, 117
Zitterpappel – *Populus tremula* 115
Zwiebel – *Allium cepa* 89
Zyperblume (Hennastrauch) – *Lawsonia inermis* [Hepper] 108
Zypresse – *Cupressus sempervirens* 49, 57, 75, 115

Sammlung Vandenhoeck
Eine Auswahl

Edzard Obendiek
Der lange Schatten des babylonischen Turmes
Das Fremde und der Fremde in der Literatur
2000. 268 Seiten, Paperback
ISBN 3-525-01229-2

Dieter Lamping
Von Kafka bis Celan
Jüdischer Diskurs in der deutschen Literatur des 20. Jahrhunderts
1998. 206 Seiten, Paperback
ISBN 3-525-01221-7

Christian Schärf
Franz Kafka
Poetischer Text und heilige Schrift
2000. 196 Seiten, Paperback
ISBN 3-525-01228-4

Christian Schärf
Geschichte des Essays
Von Montaigne bis Adorno
1999. 304 Seiten, Paperback
ISBN 3-525-01224-1

Matthias Luserke
Der junge Goethe
„Ich weis nicht warum ich Narr soviel schreibe"
1999. 181 Seiten, Paperback
ISBN 3-525-01223-3

Karin Tebben (Hg.)
Beruf: Schriftstellerin
Schreibende Frauen im 18. und 19. Jahrhundert
1998. 340 Seiten mit 10 Abbildungen, Paperback
ISBN 3-525-01222-5

Simone Frieling (Hg.)
Der rebellische Prophet
Jona in der modernen Literatur
Mit einem literaturwissenschaftlichen Vorwort von Dieter Lamping und einem theologischen Nachwort von Rüdiger Lux. 1999. 132 Seiten mit 7 Abbildungen, Paperback. ISBN 3-525-01225-X

V&R
Vandenhoeck & Ruprecht